L'ESSENTIEL ✱ DES SPORTS

LE CANOË

CLIFF JACOBSON

Quoi de neuf dans ce livre ?

Plein de choses ! Plusieurs recettes délicieuses, de même que de nombreux trucs astucieux qui vous permettront de mieux gérer votre alimentation lorsque vous devrez faire avec peu. De nouvelles façons de protéger les fameuses tentes de type dôme (si populaires aujourd'hui) des intempéries, et des conseils sur la manière de monter une tente par grands vents y seront également présentés. Vous découvrirez que l'on ne prodigue plus les mêmes conseils pour se protéger - et protéger sa nourriture - au moment de la rencontre d'un ours. Assurez-vous d'avoir lu attentivement cette section avant d'entreprendre votre prochaine expédition en camping.

De nouvelles armes peuvent vous aider à triompher des moustiques ou de la rigueur du climat et certaines astuces vous permettront de bien dormir sur un sol dur. Vous ne manquerez pas d'être intéressé par le chapitre consacré aux dangers potentiels du camping en régions sauvages.

L'ESSENTIEL DES SPORTS

LE CANOË

CLIFF JACOBSON

TRÉCARRÉ

Données de catalogage avant publication (Canada)

Jacobson, Cliff

Le canoë

(L'essentiel des sports)
Traduction de : Basic essentials. Canoeing
Comprend un index.

ISBN : 2-89249-920-8

1. Canotage. 2. Canots. I. Titre. II. Collection.

GV783.J2814 2000 797.1'22 C00-940812-6

L'édition originale de cet ouvrage a paru en anglais sous le titre
Basic Essentials : Canoeing, publié chez Globe Pequot.

Design de la couverture : Cyclone design communications
Photo de la couverture : Tom Kaffine
Traduction : Martin Balthazar
Révision linguistique : Liliane Michaud
Infographie : Claude Bergeron

Crédits de photos : page 10, canoë solo de We-no-nah Canoes, une courtoisie de Rob Linden Advertising ; page 13, Royalex Venture 17 par Dagger Canoes, une courtoisie de Dagger Canoes ; page 14, canoë tandem Northwoods de Bell Canoe Works, une courtoisie de CE Wilson/Avant ; page 18, Discovery 169 de Old Town Canoe Co., une courtoisie de Old Town Canoe Co. ; page 19, un canoë de bois entoilé de Bourquin Boats, une courtoisie de Bourquin Boats/Jeannie Bourquin.

ISBN : 2-89249-920-8

Dépôt légal, 2000
Bibliothèque nationale du Québec

Imprimé au Canada

Nous reconnaissons l'aide financière du gouvernement du Canada par l'entremise du Programme d'aide à l'édition (PADIÉ) pour nos activités d'édition.

Éditions du Trécarré
Outremont (Québec) Canada

À la mémoire du regretté Harry Roberts, qui fut l'éditeur du *Wilderness Camping and Canoesport Journal*. Harry a favorisé l'essor des canoës plus minces et plus rapides. Il fut le premier aussi à affirmer publiquement qu'il était permis de « changer de côté » en pagayant. Il a par ailleurs inventé plusieurs termes comme « *barking dog* », « *meat platter* » et « *dishpan* » pour qualifier ces canoës lents et inefficaces qu'il n'aimait pas. Les moins imaginatifs des manufacturiers exprimèrent leur désaccord face à ses critiques, mais en fin de compte ils s'y plièrent et commencèrent à concevoir de nouveaux styles de canoës ! Harry, nous regrettons ta sincère passion du canoë, ton esprit vif et cet humour caustique, caractéristique des patelins du nord-est, qui fut le tien.

Remerciements

Merci en particulier à mon ami le Dr Bill Forgey, qui dès le début a cru à l'utilité de ce livre. Je voudrais témoigner ma gratitude aussi à mon ancien éditeur, Tom Todd, qui m'a fait l'honneur d'une deuxième édition.

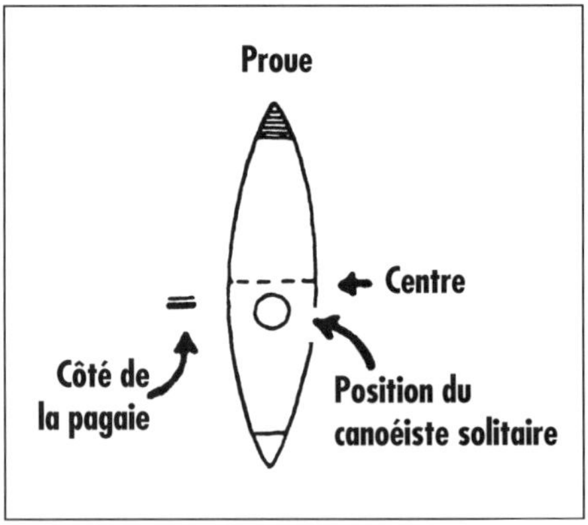

Table des matières

1

Comment choisir un canoë

(L'abc de la conception des canoës modernes)

Contrairement à la croyance populaire – et aux affirmations de certains manufacturiers –, il n'existe pas de canoë parfait, ni même de modèle « tout usage ». Il n'existe pas une seule embarcation, peu importe sa conception, les matériaux qui la composent ou la qualité de sa construction, qui puisse convenir efficacement à toutes les tâches.

Il est tout à fait irréaliste de demander qu'un canoë puisse tout faire à la fois : gagner une course en eaux calmes par un beau samedi après-midi, prendre la tête le lendemain au cours d'un slalom dans les rapides et transporter une famille et ses 70 kg d'équipement de camping pour une escapade de trois semaines en pleine nature. Il est tout aussi illusoire de penser qu'un canoë de 18 kg tiendra le coup lorsque vous serez pris au piège par des rochers qui se trouvent en plein milieu du courant. Et même si un tel canoë existait, son prix serait prohibitif. En fait, les canoës sont un peu comme les voitures : chacun a ses forces et ses faiblesses ; c'est pourquoi les canoéistes sérieux en possèdent souvent plusieurs.

Il ne sera donc pas question ici de vous proposer le canoë parfait – ni même le canoë parfaitement adapté à vos besoins –, mais plutôt de vous présenter quelques grands principes qui vous aideront à faire un choix éclairé. Lorsque viendra le temps d'acheter une embarcation neuve ou d'occasion, vous serez en mesure de déceler les problèmes éventuels. Dans un premier temps, je vous présenterai quelques notions fondamentales concernant la fabrication des canoës ainsi que quelques termes importants (on pourra se rérérer au glossaire complet des termes du canoë à l'Appendice 1).

La longueur

Toutes choses étant égales par ailleurs, la rapidité d'un canoë sera proportionnelle à sa longueur. La vitesse maximale d'un canoë (c'est-à-dire sa vitesse de déplacement, valeur qui ne prend pas en compte l'effort requis pour atteindre cette vitesse) se mesure par la formule suivante : (la vitesse km/h) V = 4,5 fois × la racine carrée de la longueur de la ligne de flottaison. Ainsi, un simple calcul nous apprend que la vitesse maximale d'un canoë de 5,6 m est de 10,7 km/h, tandis que celle d'un canoë de 4,5 m est de 9,5 km/h. Cette différence est peut-être minime, mais elle a une influence directe sur la propulsion du canoë.

Cette formule n'est cependant pas valable lorsque l'eau a moins d'un mètre de profondeur. En eau peu profonde, il est très difficile de monter sur la forte vague qui se développe à l'avant du canoë (proue) lorsqu'on le pousse avec vigueur, et il en résulte une perte de vitesse. Les coureurs appellent cette manœuvre « monter sur la vague ». Un canoë doté d'une poupe plus large aide à combattre l'effet de cette vague, d'où le développement des canoës asymétriques, qui offrent de bonnes performances, tant en eau profonde qu'en eau peu profonde.

Règle 1 : **Toutes choses étant égales par ailleurs, la vitesse d'un canoë sera proportionnelle à sa longueur. En eau peu profonde, optez pour un canoë qui présente une asymétrie sous la ligne de flottaison.**

Toutefois, les canoës fortement asymétriques ont tendance à se comporter de façon imprévisible lorsque le courant est capricieux. C'est pourquoi il vaut mieux éviter d'utiliser ce type d'embarcation en eaux vives ou sur les rivières au cours tortueux.

La stabilité et la forme de la coque

Les canoës dotés d'une grande stabilité *initiale* (autrement dit, ceux qui sont très stables lorsqu'ils sont à plat sur l'eau) sont aussi ceux qui ont une faible stabilité *finale* (résistance au chavirement) et vice versa. Ces deux qualités sont inconciliables, sauf dans le cas des canoës très larges.

Les canoës à coque très plate (figure 1-2) sont pourvus d'une grande stabilité initiale, tandis que les canoës dont la coque est arrondie (figure 1-2) offrent une plus grande stabilité finale.

De prime abord, les canoës à coque plate semblent très stables, mais dès qu'ils gîtent (ou s'inclinent) au-delà du bouchain, ils sont susceptibles de chavirer à tout instant. De même, les canoës à fond arrondi ou en V (figure 1-2) semblent instables au premier abord (ils ont une faible stabilité initiale ou statique), mais ils gagnent en stabilité lorsqu'ils gîtent et, de ce fait, sont moins prompts à chavirer. Bref, en eaux calmes comme en eaux vives, les canoës à coque arrondie ont un comportement plus prévisible et sont plus faciles à manier que les canoës à fond plat. Ajoutons à cela qu'ils sont également plus faciles à propulser.

Règle 2 : **La stabilité (initiale et finale), la facilité à pagayer et la navigabilité dépendent de la forme de la coque. Les coques en V et les coques arrondies sont supérieures en tous points, sauf en ce qui concerne la stabilité initiale. Une grande stabilité finale rend le dessalage moins probable. Ainsi vous pourrez pagayer sans toujours craindre le pire. Malheureusement, bien des manufacturiers mettent de l'avant la stabilité initiale de leurs canoës, qualité qui, comme on vient de le voir, importe moins que la stabilité finale.**

Les quilles

Une quille externe permettra à n'importe quel canoë de maintenir plus facilement sa trajectoire. On oublie cependant qu'elle peut faire chavirer le canoë dans les rapides en s'accrochant aux rochers. En fait, ce n'est pas sans une certaine satisfaction qu'on passera sans encombre par-dessus un rocher qui aura fait dessaler un de nos copains quelques instants plus tôt. Et un peu plus tard, quand votre ami sera au sec, vous ne manquerez pas de lui laisser croire que votre coup de pagaie est exceptionnel, plutôt que de partager avec lui votre petit secret.

Disons-le franchement : les quilles saillantes sont généralement l'apanage des canoës de piètre qualité. Bref, les quilles externes servent à masquer les faiblesses d'une embarcation qui autrement aurait une

Figure 1-1

Les bords du canoë A sont frégatés : ils se courbent vers l'intérieur au-dessus de la ligne de flottaison. Le canoë B a des bords évasés qui améliorent sa navigabilité. Notez que la largeur maximale (C-D) des deux embarcations est la même.

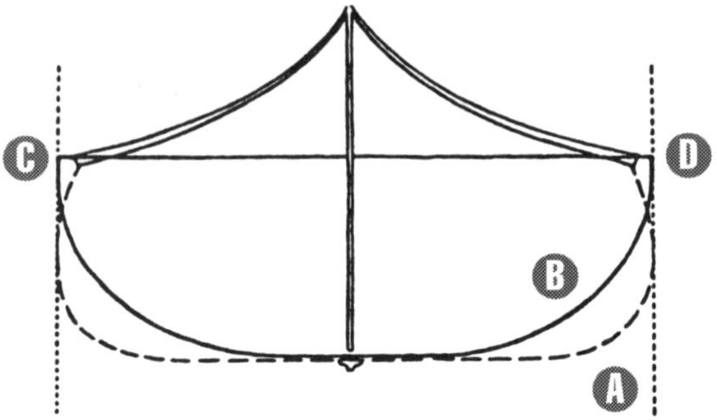

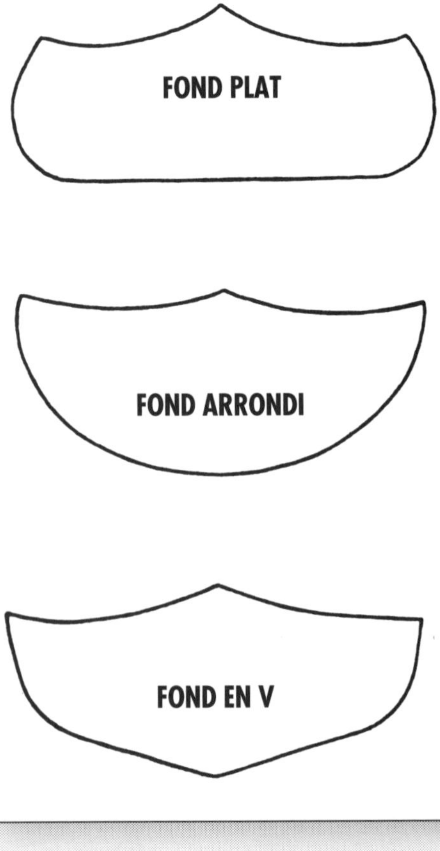

Figure 1-2

Les canoës à bords frégatés font preuve d'une grande stabilité initiale et d'une faible stabilité finale. Au contraire, les canoës à fond arrondi et les canoës en V ont une plus grande stabilité finale.

trajectoire non rectiligne. Un tel canoë devrait plutôt retourner sur la planche à dessin de son concepteur. Un canoë maintiendra très bien sa trajectoire s'il combine les qualités suivantes : un fond arrondi ou en V, des extrémités étroites, une quille droite (j'y reviendrai un peu plus loin) et une étrave carrée. Les canoës en aluminium font exception : ils sont faits de deux moitiés qui doivent être retenues ensemble par une quille. Mais ici aussi une quille montée à l'intérieur de la coque sera préférable à une quille montée à l'extérieur.

En fait, la quille sert surtout à renforcer le fond trop fragile de certains canoës. On pourra du reste renforcer le plus large et le plus plat des fonds de canoës en posant une feuille d'aluminium ou un grand morceau de bois sur toute sa longueur. Ajoutez-y quelques varangues ainsi qu'un ou deux étais verticaux et la plus informe des coques sera rigide.

Règle 3 : **Évitez les canoës munis d'une quille externe. Les canoës en aluminium font exception à la règle dans la mesure où ils sont tous construits de cette façon. Toutefois, certains manufacturiers de canoës en aluminium offrent des canoës à coque plate, conçus pour les eaux vives, ce qui vaut mieux que les modèles standards à quille en T, qui ont tendance à accrocher les rochers (voir les figures 1-3 et 1-5).**

Les francs-bords frégatés

Certains canoës ont des côtés incurvés à l'intérieur. On dira alors que leurs francs-bords sont *frégatés* (voir la figure 1-1). On fait cela pour deux raisons. Premièrement, certains matériaux flexibles (les feuilles d'aluminium par exemple) doivent être renforcés pour qu'ils soient plus solides. Ce problème pourrait être réglé aisément par l'ajout de varangues, mais cela alourdirait l'embarcation. Deuxièmement, cette opération réduit la largeur du canoë au niveau des plats-bords, de sorte qu'il devient possible de pagayer plus près des côtés.

Les canoës les plus sophistiqués sont, à divers degrés, frégatés. Toutefois, un canoë très frégaté perd en navigabilité. Un canoéiste expérimenté peut gouverner avec une certaine aisance - même dans un courant très fort - une embarcation très frégatée. Tout est ici question d'habileté ; avouons cependant que les canoéistes de ce calibre sont plutôt rares de nos jours. Quoi qu'il en soit, même les experts s'entendent pour dire qu'un « frégatage » minimal ou mieux encore des bords évasés sont garants de plus de stabilité et de sécurité.

Règle 4 : **Si vous recherchez une bonne stabilité finale, évitez les canoës très frégatés. Plusieurs modèles conçus pour la**

course présentent un frégatage important dans le but de rendre le coup de pagaie plus aisé. Un tel canoë ne pardonne aucune erreur et je ne le recommanderais qu'aux pagayeurs expérimentés.

La profondeur du canoë

Toutes choses étant égales par ailleurs, plus un canoë sera profond et plus vous resterez au sec lorsque vous pagayerez en eaux vives. Une profondeur centrale d'environ 30 cm est largement suffisante pour un canoë de plaisance, tandis que la norme est de 2,5 à 5 cm de plus pour les canoës d'eaux vives.

Les canoës peu profonds (moins de 30 cm) doivent être très légèrement chargés. Il est aussi impératif que leur coque fasse preuve d'une grande navigabilité (coque en V ou arrondie avec des bords évasés). Évitez les canoës dont les extrémités sont très hautes : elles alourdissent l'embarcation et agissent un peu comme des voiles dans le vent.

La largeur du canoë

La largeur équivaut à la distance latérale au point le plus large du canoë. Comme on le constate à la figure 1-1, la largeur maximale (C-D) peut se trouver au niveau des plats-bords ou plus bas (au niveau de la ligne de flottaison, par exemple). Pour les manufacturiers, la largeur des canoës A et B serait identique, mais il ne faut pas s'y tromper, les deux canoës auront un comportement différent.

Dans le but de fournir aux consommateurs des informations plus complètes, certains manufacturiers donnent la largeur du canoë à 7,5-10 cm de la ligne de flottaison. On prétend qu'un canoë étroit au niveau de la ligne de flottaison permet un coup de pagaie plus aisé et accroît la rapidité du canoë. Bien entendu, une ligne de flottaison large conférerait au canoë les caractéristiques contraires.

Les canoës professionnels conçus pour la course sont construits de telle sorte que leur largeur minimale, à 7,5 cm de la ligne de flottaison, est de 68 cm. La United States Canoe Association (USCA) suit, quant à elle, les normes 10-80, soit : une largeur minimale de 80 cm, à 10 cm de la ligne de flottaison.

Il est sans doute préférable qu'un canoë d'expédition soit plus large (à 10 cm de la ligne de flottaison) qu'un canoë aux normes de la USCA. D'autant plus que ces quelques centimètres augmentent de façon non négligeable la capacité de chargement sans pour autant nuire à la performance de l'embarcation. Toutefois, il est peu probable que vous

Figure 1-3

Une quille en T

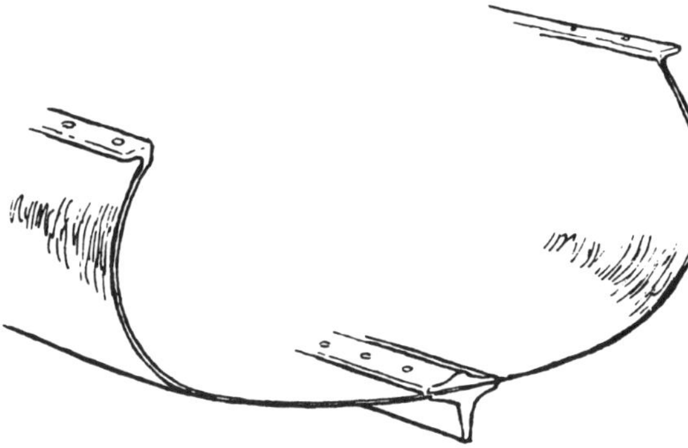

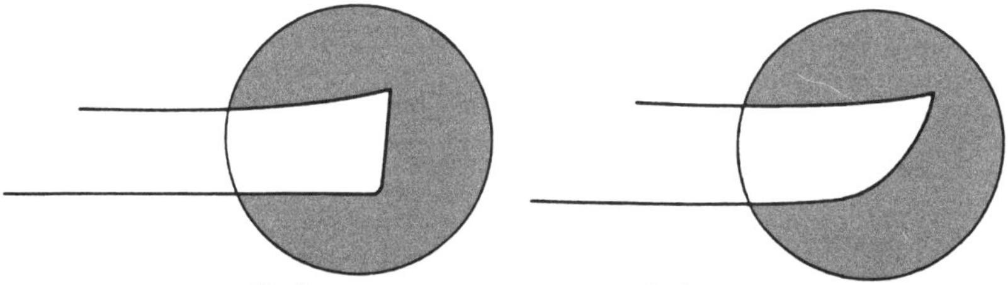

Figure 1-4

❶ Étrave carrée **❷ Étrave légèrement arrondie**

Le canoë 1 possède une étrave carrée et le canoë 2 une étrave arrondie. Les étraves carrées sont excellentes pour la navigation en ligne droite, et les arrondies facilitent les virages.

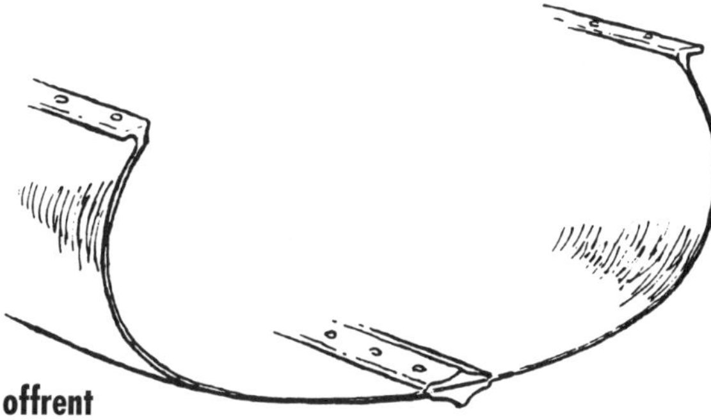

Figure 1-5

Les canoës d'eaux vives à quille plate offrent une plus grande maniabilité et sont moins susceptibles de s'accrocher aux pierres ou aux rochers que les modèles standards à quille en T.

ayez besoin d'un canoë dont la largeur excède de beaucoup la norme 10-80 s'appliquant aux canoës de plaisance.

Règle 5 : **Si vous avez l'intention de faire de la course, choisissez un canoë qui répond aux spécifications du type de compétition que vous voulez pratiquer. Sinon, cherchez un canoë dont la section centrale respecte à quelques centimètres près la norme de la USCA. Voyez ensuite jusqu'à quel point les francs-bords sont frégatés. Un petit conseil : munissez-vous d'un instrument de mesure. La plupart des manufacturiers mesurent la largeur des canoës à 10 cm de la ligne de flottaison.**

Le giron

Le giron désigne la ligne longitudinale qui traverse le canoë de l'avant à l'arrière et qui imprime une courbure au fond (voir la figure 1-6). Un canoë très gironné (plus de 3,75 cm) effectue les virages avec aisance et monte plus facilement sur les vagues. Il est toutefois moins rapide en eau calme et aura plus de difficulté à conserver une trajectoire rectiligne qu'un canoë sans giron.

En général, les coureurs apprécient les canoës qui n'ont pas de giron, quoiqu'ils ne dédaignent pas ceux qui en présentent un léger à la proue. Toutefois, les canoës d'eaux vives ont un giron beaucoup plus prononcé (la plupart ont des girons de 7,5 cm). Aussi, le giron d'un canoë d'expédition devrait se situer quelque part entre ces deux extrêmes, soit entre 2 et 4 cm. En somme, il est très important de connaître l'usage qu'on entend faire d'un canoë. Gardez aussi à l'esprit que là où un canoë presque vide prend les virages comme un chat sauvage, un canoë lourdement chargé offrira beaucoup plus de résistance. Une lourde

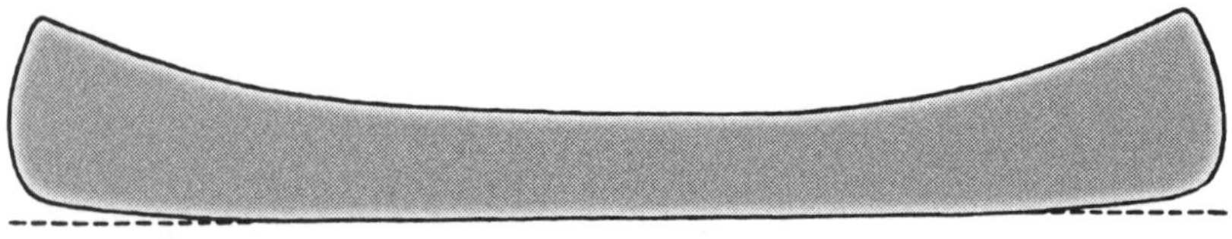

Figure 1-6

Le giron désigne la ligne longitudinale qui traverse le canoë de l'avant à l'arrière et qui imprime une courbure au fond.

charge a pour effet d'enfoncer le canoë dans l'eau (un peu comme une quille), ce qui facilite le maintien d'une trajectoire rectiligne. Étant donné que les canoës d'expédition ont ordinairement une charge importante à leur bord, ils devraient avoir un peu de giron. Inversement, si vous comptez faire de courtes expéditions d'une journée, il est inutile de choisir un canoë qui a beaucoup de giron.

La longueur d'un canoë ainsi que la forme de sa coque sont aussi des facteurs à prendre en compte. Les coques courtes requièrent moins de giron que les plus longues, de même que les canoës à fond plat tournent plus facilement que les canoës à fond arrondi ou en V. Si votre canoë est court (moins de 4,3 m ou s'il s'agit d'un canoë monoplace) et qu'il n'a pas de giron, virez en inclinant le canoë sur le côté. Autrement dit, utilisez le giron qui se trouve sur le franc-bord de l'embarcation. Il est tout à fait ridicule d'avoir un giron de plus de 2,5 cm sur un canoë monoplace, à moins qu'il ne s'agisse d'un canoë conçu spécialement pour les eaux vives.

Règle 6 : **Mesurez le giron d'un canoë avant de l'acheter. Pour ce faire, mesurez simplement la distance qui sépare la proue du sol. (Les canoës asymétriques n'ont pas le même giron à l'avant et à l'arrière.) Pour la course, choisissez un canoë sans giron. Pour des sorties d'une journée, préférez un giron de 3,75 cm. Pour de grandes expéditions, un canoë devrait avoir un giron de plus de 3,75 cm. En eaux vives, un fort giron est recommandé.**

La capacité de chargement

En général, la capacité de chargement annoncée par un manufacturier ne signifie pas grand-chose, dans la mesure où les trois quarts de la charge d'un canoë sont supportés par seulement un tiers de sa longueur totale, soit la partie médiane (voir la figure 1-7). Qui plus est, la capacité annoncée ne permet pas qu'on se fasse une idée de la navigabilité d'un canoë ou du comportement qu'il aura quand il sera lourdement chargé. Le canoë 1 de la figure 1-7 a une navigabilité supérieure au canoë 2 parce que ses pinces plus larges lui permettront de mieux flotter : elles monteront sur les vagues plutôt que de couper au travers. Quant au canoë 2, il sera incontestablement le plus rapide des deux.

Règle 7 : **La capacité de charge ne signifie pas grand-chose. Si vous voulez une bonne capacité de charge, choisissez une coque qui s'apparente à celle du canoë 1. Si c'est la vitesse qui vous intéresse, choisissez un canoë dont les pinces sont**

Figure 1-7

La capacité de charge ne vous renseigne en rien sur le comportement du canoë lorsqu'il est lourdement chargé. Le canoë 1 supporte mieux les charges étant donné que la largeur de ses extrémités lui assurera une meilleure flottabilité (elles monteront sur les vagues au lieu de couper au travers). Toutes choses étant égales par ailleurs, le canoë 2 sera le plus rapide des deux. Toutefois, en évasant les bords du canoë 2, on améliorerait sa capacité d'écarter les vagues, ce qui augmenterait sa navigabilité.

effilées. Capacité de charge et vitesse sont deux qualités inconciliables. Si vous avez besoin de plus d'espace, il vous faudra un canoë plus long. En somme, les longs canoës transportent les charges avec plus d'efficacité.

Le poids et la solidité

Les canoës sont solides ou légers. Il est peu probable que vous en trouviez un qui combine ces deux qualités, à moins qu'il ne s'agisse d'un modèle très sophistiqué et très cher.

Prenez le temps d'examiner les canoës de 5 à 5,5 m qui pèsent moins de 23 kg. Vous constaterez sans mal que la plupart sont loin d'être aussi solides que le prétendent les fabricants. Il faut bien se rendre à l'évidence : la plupart des manufacturiers sont trop optimistes lorsqu'il s'agit de vanter la légèreté de leurs canoës. Quand viendra le temps d'acheter, apportez votre pèse-personne au magasin et vous constaterez vous-même ce genre de petit mensonge pieux : les canoës sont de 5 à 15 % plus lourds que ce qui est annoncé !

Règle 8 : **Seuls les canoës très chers et très sophistiqués combinent légèreté et robustesse.**

L'abrasion

L'abrasion est le talon d'Achille des canoës. Autrement dit, les canoës finissent rarement leur vie écrasés contre des rochers. La résistance à l'abrasion d'une embarcation variera en fonction de la dureté de son matériau de fabrication. À cet égard, l'aluminium traité à la chaleur est le plus résistant de tous les matériaux. Le Royalex ABS et le polyéthylène suivent de près. La fibre de verre/époxy vient ensuite, tandis que la fibre de verre/polyester et les bois entoilés ou lamellés sont les matériaux les moins résistants.

La réparation

Si vous n'êtes pas du genre à ménager votre embarcation, vous aurez sans doute à la réparer un jour ou l'autre. Les canoës en fibre de verre ou en kevlar sont les plus faciles à réparer, si bien qu'une brèche sur ces matériaux, si elle est correctement colmatée, sera difficile à déceler. Les canoës en bois entoilé ou lamellé sont eux aussi faciles à rafistoler. Par ailleurs, même s'il est possible de réparer un Royalex ABS ou un canoë en aluminium, ceux-ci porteront à jamais la trace de leurs avaries passées. Enfin, d'un point de vue purement esthétique, les canoës en polyéthylène sont « irréparables ».

Malgré ce qu'en disent les fabricants, aucun matériau n'est indestructible. Aussi vaut-il mieux acheter un canoë qui se répare facilement plutôt que d'opter pour un canoë plus durable, mais pratiquement impossible à réparer.

Règle 9 : **Aucun canoë n'est indestructible ! En général, plus les matériaux utilisés seront durables, plus il sera difficile de les réparer sans laisser de trace ; et le contraire est aussi vrai.**

Les canoës monoplaces (ou pour une personne)

Les donnés fournies un peu plus haut, en ce qui concerne la largeur, la profondeur et la longueur, ne s'appliquent pas aux canoës monoplaces. Un monoplace de 4,2 m à 5 m de longueur, de 69 à 76 cm de largeur et d'une profondeur centrale de 28 à 30 cm est idéal, du moins en regard des variables examinées dans ce chapitre (vitesse, trajectoire rectiligne, virage, portabilité, navigabilité). À moins d'être amateur de rapides très agités, et dans la mesure où le pagayeur se trouve toujours assis en équilibre au centre du canoë, il sera inutile que ce genre d'embarcation soit plus profonde. En effet, il faut un rapide à très fort débit pour submerger les extrémités d'un canoë monoplace, qu'il soit petit ou non.

Le frégatage est moins nécessaire dans un canoë monoplace que dans un canoë biplace, cela dans la mesure où un pagayeur solitaire n'a pas à coordonner ses mouvements avec ceux d'un partenaire.

Les canoës monoplaces

À l'achat d'un canoë d'occasion :

1. Assurez-vous de connaître le prix de vente du même canoë à l'état neuf. Les bons canoës se vendront à environ 80 % de leur valeur actuelle sur le marché. Les canoës de qualité inférieure se vendront à 60 ou 70 % de leur valeur à l'état neuf.
2. Ne cherchez pas dans les petites annonces, à moins que vous ne souhaitiez vous procurer un canoë ordinaire en aluminium ou en polyéthylène. Les canoës à la fine pointe de la technologie sont rarement annoncés dans les journaux. Si l'annonce ne spécifie pas la marque du canoë, il s'agit probablement d'une embarcation de piètre qualité.
3. Les sites des courses de canoës, de même que les cours ou les sessions de perfectionnement, sont des endroits propices à l'achat d'un canoë d'occasion. Souvent, les mordus préféreront refiler leur « vieil ami » à d'autres mordus plutôt qu'à des gens qui s'en serviraient peut-être pour pêcher plutôt que pour pagayer.
4. Les canoës construits par des particuliers sont parfois très bien, mais ils peuvent aussi être de piètre qualité. Les meilleurs sont fabriqués à partir de plans fournis par des clubs. Ils sont annoncés généralement dans les bulletins aux abonnés des clubs de canoéistes ou de bouche à oreille. Les moins bons sont fabriqués à partir de plans offerts dans des magazines à grand tirage et ils seront invariablement vendus par le biais des petites annonces.
5. Tournez le canoë à l'envers afin d'examiner sa quille. N'achetez pas un canoë dont la quille est endommagée (enfoncée). Il est très difficile, voire impossible, de redresser une quille enfoncée.
6. Portez une attention particulière à la coque des canoës en fibre de verre ou en kevlar. Une matrice trouble (entrecroisement des fibres) constituera un bon indice de dégradation. Dites-vous du reste qu'une fois la dégradation entamée, elle ne pourra que continuer. Évitez un tel canoë comme la peste !
7. Ne faites pas trop de cas des défauts esthétiques mineurs. Un vernis qui a perdu de son éclat, un *gel-coat* éraflé ou quelques craquelures dans le bois sont des problèmes bénins et facilement réparables. Mais n'achetez jamais un canoë dont l'étrave est tordue, dont un plat-bord est endommagé ou dont la coque est déformée.
8. Reculez-vous un peu pour bien examiner le canoë : s'il semble déformé ou tordu, dites-vous qu'il l'est probablement. Fiez-vous à vos yeux, ils ne vous tromperont pas.
9. Les bons canoës gagnent de la valeur au fil du temps, tandis que les mauvais en perdent. Vous ne pouvez pas vous tromper en achetant un canoë d'occasion qui est de bonne qualité.

La fabrication des canoës

2

Matériaux, résines et tissus

Autrefois, lorsqu'on achetait un canoë, on avait le choix entre le bois entoilé, l'aluminium ou la fibre de verre. Ajoutez à cela les embarcations en contreplaqué, en clin ou en lattage, et vous aurez une bonne idée de la gamme des produits qui étaient alors disponibles. Au début des années 60 cependant, quelques manufacturiers plus audacieux ont tenté des expériences avec le plastique ABS - le matériau dont sont faits les casques de football -, mais les résultats n'étaient pas enthousiasmants : les canoës en ABS se fissuraient, se fendaient et se désintégraient carrément autour des joints. De sorte qu'en 1975 les canoës en ABS étaient discrètement tombés dans l'oubli. Je ne connais du reste aucun canoéiste qui regrette leur disparition.

Le Royalex

Vers 1960, l'entreprise UniRoyal présenta un nouveau genre d'ABS aux concepteurs de canoës : il s'agissait cette fois d'un noyau en mousse enveloppé de plastique. C'est ainsi qu'est né le canoë en Royalex, dont la popularité n'a cessé de croître depuis. Le Royalex est un thermoplastique laminé possédant un noyau en plastique soufflé d'une épaisseur d'un centimètre environ. C'est le manufacturier de canoës qui décide du nombre et de l'épaisseur des strates laminées. Certaines compositions en Royalex sont solides, tandis que d'autres sont à peine viables. En général, la qualité varie avec le prix. Les canoës en Royalex sont recouverts d'une couche de vinyle qui protège l'ABS des rayons du soleil.

Le Royalex est extrêmement robuste et glissant : un canoë en Royalex glissera par-dessus un rocher qui immobilisera une embarcation en aluminium et qui abîmera ou détruira un esquif en kevlar ou en fibre de verre. De plus, le Royalex est un matériau qui possède une excellente « mémoire » : s'il arrive que votre canoë se torde ou se plie au contact du pylône d'un pont, par exemple, il reprendra fort probablement sa forme initiale.

Si le Royalex est un matériau capable de supporter un impact violent, il a une résistance plutôt faible à l'abrasion. En effet, le revêtement de vinyle du Royalex se détériorera rapidement au contact des roches qui abondent en eau peu profonde. Malgré tout, il s'agit d'un matériau extrêmement durable – et très prisé par les casse-cou adeptes des eaux vives.

Le R-84 Royalite est le plus récent et le plus léger des composés en Royalex. Il s'agit du même substrat d'ABS et du même noyau en mousse, mais le revêtement en vinyle est remplacé par un plastique plus résistant.

Deux vues différentes d'un canoë en Royalex

En conséquence, le R-84 est plus rigide et son poids est réduit de 10 % par rapport à celui du Royalex conventionnel. Mais ce qu'il y a de mieux encore, c'est qu'on trouve maintenant toute une gamme de canoës en R-84 à très bon marché !

Le kevlar

C'est l'entreprise Dupont, au début des années 70, qui mit au point cette fibre qui a la couleur du miel (et qui est utilisée de nos jours dans la fabrication des gilets pare-balles des policiers). Lorsque certains canoéistes et kayakistes de classe mondiale commencèrent à construire leurs embarcations avec ce matériau, ils furent si impressionnés par sa robustesse qu'ils le surnommèrent « la sainte étoffe ». De nos jours, tous les canoës et kayaks performants sont fabriqués en kevlar. Ce matériau est largement utilisé aussi pour renforcer les points plus fragiles de certains canoës en fibre de verre.

Le kevlar, comparé à la fibre de verre, est plus résistant dans une proportion de 40 % et presque deux fois plus léger. C'est un matériau qui n'aura pas tendance à se perforer ou à se déchirer. En fait, le kevlar est si léger et si résistant que certains pagayeurs exigeront un canoë fabriqué intégralement en « sainte étoffe ». Mais pour dire vrai, les canoës entièrement fabriqués en kevlar ne sont pas très résistants : ils se cassent souvent de l'intérieur. Par ailleurs le kevlar, contrairement à la fibre de

Un canoë biplace en kevlar

verre, supporte mal le sablage ; c'est un matériau qui a tendance à « friser » lorsqu'on le soumet à un frottement. Faites passer une coque en kevlar plusieurs fois sur un lit de roches coupantes et vous aurez l'impression qu'il lui faudrait une coupe de cheveux ! Il faut beaucoup d'ingéniosité, du reste, pour rafistoler une coque en kevlar. La solution consiste à recouvrir les « cheveux endommagés » d'une couche de fibre de verre et de résine, puis de sabler le tout pour homogénéiser.

Les composés de kevlar et de fibre de verre sont plus durables, plus faciles à réparer et moins chers que le kevlar pur. Et d'ailleurs, bien des manufacturiers de canoës fabriquent déjà des embarcations de ce genre ; d'autres le font sur commande.

La fibre de verre

La technologie de la fibre de verre a beaucoup changé dans les vingt dernières années. Si on devait choisir, à l'époque, entre la fibre appliquée au pistolet et celle qu'on posait à la main (des descriptions suivront), il y a maintenant des douzaines (des centaines ?) de manières brevetées de travailler la fibre de verre. Ces divers procédés font tour à tour intervenir une affolante variété de matériaux (comme le *E-glass*, le *S-glass*, le kevlar, le nylon, le dacron, la fibre de carbone, etc.) et autant de types de configurations. Les coques haut de gamme offrent des noyaux de type Hexcel (structure alvéolaire) en Nomex, en Airex, ou en mousse de PVC à cellules fermées, pour plus de légèreté et de rigidité. Bref, la fibre de verre d'aujourd'hui ressemble bien peu à celle d'autrefois.

Mais avant d'être en mesure d'apprécier les technologies modernes en matière de fibre de verre, il est nécessaire de se familiariser avec certains termes :

Le tissu de fibre de verre : composé de brins de fibre de verre torsadés à angle droit. Le tissu de fibre de verre est le composé possédant la plus grande proportion de verre par rapport à la résine (environ 1 :1) et c'est aussi le plus résistant. Les meilleurs canoës en fibre de verre sont faits de stratifiés entièrement en tissu de fibre de verre.

Le mat : composé de fibres de verre coupées, croisées et collées avec de la résine séchée. Dans le mat, le ratio verre/résine est de 1 :3, ce qui signifie qu'il est trois fois moins résistant que le tissu de fibre. Dans la mesure où il absorbe beaucoup de résine, le mat accroîtra la rigidité de la coque. Il est employé surtout à certains endroits de la coque qui requièrent un maximum de rigidité. Le mat est meilleur marché que le tissu de fibre de verre, mais il est beaucoup plus lourd. La plupart des canoës de bonne qualité sont renforcés au moyen de strates de tissu de fibre de verre additionnelles (ce qui est plus cher) ou avec du *roving* plutôt qu'avec du mat.

Le* roving*: il ressemble au tissu de fibre de verre, mais il est torsadé plus grossièrement. Son ratio verre/résine est un peu moins élevé que celui du tissu, mais il résiste mieux aux impacts. Le *roving* est souvent employé dans la fabrication des canoës haut de gamme, à certains endroits, pour leur donner plus de rigidité.

Le* E-glass *et le* S-glass*: le *E-glass* est employé dans la fabrication de plusieurs types de bateaux et on peut s'en procurer dans les marinas. Le *S-glass* résiste beaucoup mieux à l'abrasion que le *E-glass,* mais il coûte plus cher. Les coques de certains canoës d'eaux vives haut de gamme sont recouvertes d'une couche de *S-glass*, ce qui améliore leur résistance aux égratignures.

Le* gel-coat*: il s'agit d'une résine imperméable et résistante à l'abrasion qui est employée pour protéger les surfaces externes de la plupart des canoës en fibre de verre et en kevlar. Afin qu'ils soient plus légers, certains canoës destinés à la performance font l'économie du *gel-coat*. On parlera alors d'une fabrication de type *skin-coat*. Toutefois, ce type de construction n'est pas recommandé pour le canoéisme récréatif.

Les résines

Le polyester: bon marché mais peu résistant, le polyester est la résine standard employée dans l'industrie de la fabrication de canoës.

Le vinylester: plus résistant, plus flexible et à peine plus cher que le polyester. Les résines en vinylester sont employées dans la fabrication de plusieurs canoës haut de gamme en kevlar.

La résine époxy: la plus résistante et la plus onéreuse des résines employées pour la fabrication des bateaux. La résine époxy n'est utilisée que par une poignée de fabricants qui produisent des canoës de très grande qualité. La résine époxy qui est employée pour la construction des bateaux coûte quatre fois plus cher que le polyester.

Les procédés de fabrication

Fibres coupées, appliquées au pistolet: les brins de fibre de verre sont coupés et mélangés à une résine en polyester avant d'être vaporisés dans un moule. Il s'agit d'un procédé qui donne des embarcations lourdes, fragiles et bon marché. Les canoës de mauvaise qualité sont toujours fabriqués de cette façon.

Stratification à la main: le tissu de fibre de verre (ainsi que le *roving* et le mat, s'il y a lieu) est étendu à la main dans le moule et enduit de résine, avant d'être séché par pression. Le motif quadrillé des tissus de fibre est visible sur les surfaces intérieures du canoë. Beaucoup de canoës de très bonne qualité, en kevlar ou en fibre de verre, sont fabriqués de cette façon.

Moulage sous vide* (vacuum bagging)*: après avoir étendu un sac en plastique dans le moule, on le vide de tout son air (à l'origine on utilisait un aspirateur, d'où le nom du procédé). Le sac comprime les enduits de résine et les distribue également sur les strates, de manière à empêcher toute agglomération qui ajouterait du poids au canoë. Cette méthode permet un ratio fibre/résine optimal. Seuls les canoës de très grande qualité sont construits de cette façon.

Les noyaux en mousse

Le fond d'un canoë, s'il se tord sous la pression de l'eau, ne conservera pas sa forme une fois l'embarcation propulsée. Traditionnellement, ce sont les varangues qui assurent la rigidité de la coque. Celles-ci, toutefois, exercent une forte pression sur certains points plus fragiles de la coque. Certains matériaux (tissu de fibre de verre, *roving*, etc.) peuvent aussi réduire ou éliminer la torsion de la coque, mais ils augmenteront par le fait même le poids du canoë.

C'est pour cette raison que les canoës les plus performants, en fibre de verre ou en kevlar, sont fabriqués en général à partir d'un noyau intégral de mousse à cellules fermées. La mousse sépare les couches de stratifié et constitue des parois très rigides qui ne se tordront pas sous la pression. Le poids de l'embarcation sera réduit aussi de façon significative, en raison surtout de l'économie des couches de fibres. Les canoës à noyau en mousse d'usage récréatif pèseront d'ordinaire moins de 25 kg.

Mais ce n'est pas tout. Un canoë doit conserver un peu de flexibilité de manière à résister aux impacts avec des rochers, par exemple. Si un noyau de mousse ne se brise pas au moindre choc, il en résulte néanmoins de profondes fissures qui sont difficiles à réparer. Et il a été dit qu'il est aussi ardu de remplacer de grandes surfaces de mousse endommagée que d'exécuter une lobotomie ! En bref, les canoës à noyau en mousse sont idéaux pour la course ou en eau plutôt calme, mais ils

Résumons ce que nous venons de voir au sujet des canoës en fibre de verre et en kevlar :

1. Les canoës entièrement constitués de kevlar ne sont pas aussi durables que ceux qui sont fabriqués à partir de stratifiés hybrides.
2. Les noyaux en mousse sont idéaux lorsque la légèreté est une priorité. Cependant, ces noyaux donnent des embarcations trop rigides et très difficiles à réparer pour un usage purement récréatif.
3. Les résines de vinylester sont idéales au point de vue du rapport qualité/prix : elles sont bon marché et très résistantes.
4. Un canoë d'usage récréatif devrait être recouvert d'un *gel-coat* qui le protégera de l'abrasion. Les canoës à revêtement de type *skin-coat* sont plutôt fragiles.
5. Les canoës de la moins bonne qualité sont fabriqués à partir de fibres coupées, appliquées au pistolet. Les canoës de bonne ou d'excellente qualité sont fabriqués par stratification à la main ou moulage sous vide.

sont à déconseiller pour les gens qui ont l'intention de mettre leur embarcation à rude épreuve.

L'aluminium

Dans l'industrie de la fabrication de canoës, les matériaux synthétiques ont envahi un marché dominé jadis par l'aluminium. Ce sont le Royalex et le polyéthylène qui ont réalisé les avancées les plus sérieuses. Il est bien possible, du reste, que le Royalite R-84 plante le dernier clou dans le cercueil des fabricants de canoës en aluminium. Mais l'aluminium n'en demeure pas moins un matériau efficace pour la fabrication de canoës : il est léger, peu coûteux et résiste mieux à l'abrasion que le plastique ou le bois.

Méfiez-vous, à quelques exceptions près, des canoës en aluminium qui ne mesurent pas au moins 5 m : ils sont paresseux et réagissent mal sur les vagues. Le Alumacraft, qui mesure 5,6 m et qui fut conçu avec le concours de la Minnesota Canoe Association, demeure le meilleur canoë en aluminium qui soit encore produit de nos jours.

Les canoës en aluminium ultra-léger (fabriqué à partir d'un alliage plus mince) sont suffisamment robustes et se prêtent aux usages les plus divers. Si vous avez besoin d'un canoë encore plus résistant, optez pour le Royalex, le polyéthylène ou le kevlar conçu spécialement pour les eaux vives.

En appliquant de temps à autre une cire en pâte sur votre canoë en aluminium, vous réduirez sa tendance à « coller » aux roches.

Le polyéthylène

Le problème se posait ainsi : comment assurer de la rigidité à un matériau employé pour fabriquer des contenants d'eau de Javel et le mouler ensuite en forme de coque de canoë ? La société Coleman renforça sa coque en polyéthylène au moyen de varangues, d'étais et d'une quille interne en aluminium tubulaire. Ces innovations suffirent à garantir à Coleman la plus grande part du marché des acheteurs de canoës.

Aujourd'hui la ferveur a quelque peu retombé et une nouvelle technologie a pris le dessus. En effet, l'entreprise Old Town a mis au point en 1984 un nouveau procédé pour rendre le polyéthylène plus

Un canoë en polyéthylène

rigide. Entre deux couches de polyéthylène croisées, on intercala un noyau en mousse de polyéthylène expansé d'une épaisseur d'un centimètre. On obtint ainsi un matériau extrêmement rigide et aussi robuste que le Royalex. Ce nouveau canoë, qui fut appelé Discovery, révolutionna le marché.

Dans la mesure où la structure du Discovery ne comporte pas d'aluminium, le canoë a la faculté de plier légèrement au contact d'un obstacle. Et comme le Royalex, sa « mémoire » lui permettra de retrouver sa forme s'il la perd temporairement, à la suite d'un impact sur un rocher par exemple.

Le polyéthylène à noyau de mousse résiste mieux à l'abrasion que le Royalex ; cependant sa « mémoire » est un peu moins bonne. Si les canoës en polyéthylène sont plus lourds que les canoës en Royalex, ils sont aussi moins chers. Par ailleurs, leurs designs sont un peu lourdauds, mais ils sont extrêmement durables.

Le bois entoilé

Les canoës en bois entoilé font un retour en force sur le marché – et pour des raisons évidentes. Les canoës haut de gamme en kevlar composite, qui il y a dix ans encore coûtaient beaucoup moins cher que le bois, coûtent aujourd'hui beaucoup plus cher ! En plus de la fierté qu'on peut ressentir à être propriétaire d'un canoë en bois et du fait que, du point de vue du pur plaisir de pagayer, rien n'est comparable au bois, il faut aussi considérer la valeur de revente. Aucun type de canoë ne prend autant de valeur qu'un canoë en bois lamellé de cèdre.

Un canoë en bois entoillé

Le cèdre lamellé

Bon nombre des canoës qui remportent des courses de fond en eau calme sont construits à la main à partir de lamelles de cèdre clouées sur une forme, puis collées les unes aux autres. Cette charpente est ensuite recouverte d'un composé de tissu de fibre de verre et de résine de polyester ou de résine époxy (les clous sont enlevés avant la phase de couverture). Le canoë qui en résulte est léger, magnifique et beaucoup plus robuste qu'on pourrait le croire. Comme tous les canoës en bois cependant, ce type de canoë coûte très cher.

3

Les accessoires indispensables

Les débutants ne se font pas toujours une idée juste du matériel qu'il faut emporter pour une sortie en canoë. Même si vous n'envisagez que de courtes expéditions sur une rivière située près de chez vous, vous aurez besoin de plusieurs pièces d'équipement. Il est bien évident qu'il faudra des gilets de sauvetage et des pagaies pour tout le monde, mais vous aurez aussi besoin d'un porte-bagages pour l'auto, ainsi que de cordes, pour y fixer votre canoë. Il vous faudra également une écope et une éponge, une longe de remorque, des sacs imperméables et une trousse de survie. On pourrait aussi ajouter à cette liste un joug de portage et des coussinets pour les genoux.

Bien sûr, il n'est pas nécessaire d'acheter tout cela sur-le-champ. En fait, vous n'avez besoin que d'un canoë, de pagaies, d'un gilet de sauvetage et d'un moyen quelconque d'emporter le tout jusqu'aux abords de la rivière. Vous pourrez du reste vous procurer à peu de frais plusieurs autres objets qui augmenteront votre sécurité et votre plaisir. Pour l'instant, voici la liste des objets indispensables.

Les pagaies

Si on me donnait le choix entre un bon canoë et de mauvaises pagaies ou un canoë de piètre qualité et de bonnes pagaies, j'avoue qu'il me faudrait y penser un peu. Après tout, on ne peut pas bien travailler sans de bons outils.

Retenez pour le moment qu'il n'y a aucune raison de choisir une pagaie en fonction de la taille du pagayeur, et ce, pour la simple et bonne raison que l'on ne pagaie pas debout, mais bien assis ! La longueur du tronc ainsi que la hauteur des sièges de votre canoë font foi de tout lorsqu'il s'agit de déterminer la longueur de votre pagaie. Voici du reste une façon plus « scientifique » de déterminer la longueur idéale d'une pagaie.

1. Mettez votre canoë à l'eau et embarquez.
2. Mesurez la distance qui sépare votre nez de la surface de l'eau. Le manche de votre pagaie devra être de cette longueur. Ajoutez la longueur des pales (qui oscille entre 50 et 63 cm) et vous obtiendrez la longueur qu'il vous faut. Notez que la longueur totale d'une pagaie variera en fonction de la longueur de sa pale.

Si cette méthode vous semble trop laborieuse, fiez-vous à ces mesures-ci pour commencer : pour les canoës Royalex ou pour les canoës en aluminium ordinaires, les pagaies devraient mesurer entre 140 et 150 cm. Dans le cas d'esquifs plus performants, en fibre de verre ou en kevlar, optez pour des pagaies d'une longueur de 130 à 137 cm.

Les pagaies courbées : leur pale forme un angle de 5 à 15 degrés avec le manche (entre 12 et 14, le plus souvent). La grande efficacité de ces pagaies (comparées aux pagaies ordinaires) tient au fait que leurs pales ne soulèvent pas l'eau (ce qui cause une perte d'énergie) à la fin de la passée. En somme, toute la force est récupérée et sert à propulser le canoë vers l'avant.

En eau calme, les pagaies courbées vous feront gagner du temps. Mais elles sont à déconseiller en eaux vives, où elles deviennent difficiles à manœuvrer. Si votre choix se porte sur des pagaies à manche courbé, retenez qu'elles devront mesurer 5 cm de moins environ que des pagaies ordinaires.

Les meilleures pagaies sont faites de lattes de bois soigneusement assemblées et sont munies d'embouts protecteurs en polyuréthane ou en kevlar. N'oubliez jamais que la meilleure pagaie est toujours la plus légère. Avec un poids de 225 à 400 g, les pagaies couleur de jais en fibres de carbone (elles sont conçues pour la course) sont les plus légères de

Figure 3-1

Choisissez un gilet rembourré de mousse (côtelé ou non) et muni d'une fermeture éclair.

toutes. Ne cherchez pas ce genre de pagaie dans les quincailleries ou dans les marinas, vous n'en trouverez pas.

Les gilets de sauvetage

Il va de soi que tous les canoéistes devraient porter un gilet de sauvetage - et en tout temps ! Si les canoéistes expérimentés contreviennent rarement à cette règle, on ne peut malheureusement pas en dire autant des autres. Pourtant, il n'y a pas de meilleur moyen d'assurer votre sécurité. En canoë, un bon gilet de sauvetage est indispensable. Il serait imprudent, par ailleurs, de lésiner sur un achat aussi important.

Évitez les gilets de sauvetage qui ressemblent à des colliers pour chevaux : ils sont inconfortables et encombrants. Optez plutôt pour un gilet rembourré en mousse (côtelé ou non) muni d'une fermeture éclair. Pour un gilet parfaitement ajusté, je vous suggère ce test simple : revêtez le gilet et attachez bien les sangles ou remontez la fermeture éclair, puis soulevez-le par les épaules. Le gilet remonte jusqu'aux oreilles ? Ne l'achetez pas, il aura le même comportement lorsque vous chavirerez.

Les gilets de sauvetage pour enfants : parce qu'ils ont moins de graisse et que leur poids est distribué différemment de celui d'un

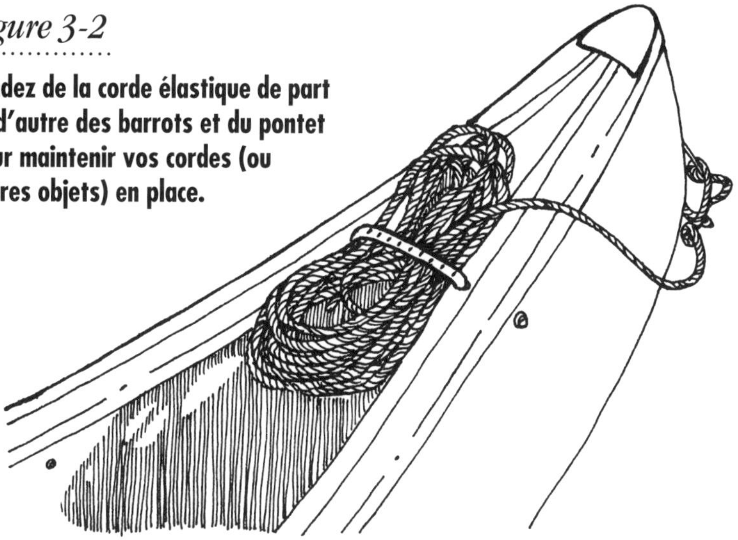

Figure 3-2

Tendez de la corde élastique de part et d'autre des barrots et du pontet pour maintenir vos cordes (ou autres objets) en place.

adulte, les enfants flottent moins bien. C'est pourquoi il est essentiel que leur gilet de sauvetage soit parfaitement ajusté. Suivez bien les consignes du fabricant et faites un essai en piscine. Surtout ne faites jamais porter un gilet d'adulte à un enfant. Une telle négligence pourrait lui coûter la vie.

Ne comprimez pas les gilets de sauvetage quand vous les rangez et ne les déposez pas dans le coffre d'une voiture exposée au soleil. Le rembourrage en mousse pourrait durcir et se dégrader.

Le ruban adhésif de plomberie *(duct tape)*

Pour une sortie en canoë, on devrait toujours se munir d'un rouleau de ruban adhésif de plomberie, mieux connu sous l'appellation anglaise *duct tape*. Ce ruban vous permettra de réparer à peu près n'importe quelle pièce d'équipement (canoë endommagé, tente trouée, etc.). Croyez-moi, il vous rendra de fiers services.

La corde en nylon et la corde élastique

Munissez-vous toujours d'une trentaine de mètres de corde de 6 mm de diamètre. Coupez-la en tronçons de 4,5 m de longueur (brûlez les bouts de la corde à l'aide d'un briquet) et enroulez-les avant de les ranger. Utilisez deux de ces cordes pour fixer le canoë sur l'auto. Réservez-en deux qui serviront d'amarres (une à l'avant et l'autre à l'arrière). Quant au reste, croyez-moi, il vous servira bien à un moment ou à un autre. On n'a jamais trop de corde pendant une expédition en canoë !

Profitez de votre passage à la quincaillerie pour vous procurer une douzaine de crochets d'acier en S, qui seront fort utiles lorsque viendra le temps de fixer votre canoë sur la voiture. Les bords tranchants des pare-chocs peuvent couper la corde la plus solide, d'où l'utilité des crochets.

Dans la foulée, il sera utile d'acheter 2 m de corde élastique (gainée de tissu). Enfilez la corde élastique dans les barrots et les trous du pont ; ainsi fixés, vos amarres ou tout autre objet seront rangés en lieux sûrs. On ne devrait jamais laisser traîner une corde dans un canoë, puisque, en cas de dessalage, elle pourrait s'enrouler autour d'une jambe ou d'un bras.

Les sacs étanches

Si vous ne faites que quelques randonnées occasionnelles, n'importe quel contenant étanche fera l'affaire. Par contre, si vous décidez de vous engager plus avant dans le canoéisme, il vous faudra sans doute envisager l'achat d'un sac à dos de qualité et de sacs à l'épreuve de l'eau.

De nombreux contenants (pas chers, voire gratuits) sont suffisamment étanches pour servir au transport du matériel : les contenants vides de crème glacée (à condition de sceller le couvercle avec du ruban adhésif de plomberie), les sacs en plastique épais ou en caoutchouc n'en sont que quelques exemples. On devrait toujours placer les sacs de plastique entre deux sacs plus solides (en nylon ou en toile) afin d'éviter toute rupture du plastique. Un sac en grosse toile ou en polypropylène à l'intérieur d'un sac à dos ou d'un fourre-tout préviendra l'abrasion.

Sécurité : percez trois trous de 5 mm distants de 15 cm les uns des autres le long des plats-bords intérieurs de votre canoë et faites-y passer des boucles de corde à parachute. Elles vous serviront à attacher plus solidement certaines pièces d'équipement que vous risqueriez de perdre en eaux vives.

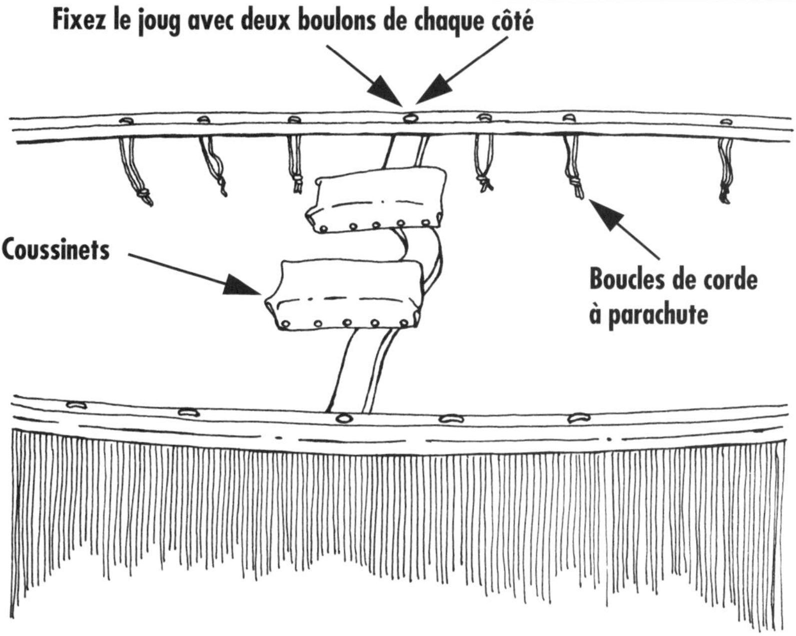

Figure 3-3

Vous aurez besoin de jougs même si vous ne prévoyez pas de portages. Les plats-bords du canoë sont ceinturés de boucles de corde à parachute.

Le joug

Vous aurez intérêt à munir votre canoë d'un joug, même si vous vous rendez sur un cours d'eau proche de chez vous et que vous ne prévoyez pas de portages (voir la figure 3-3). Après tout, il vous faudra bien fixer le canoë sur la voiture, l'en descendre et le transporter jusqu'à la rivière, etc., sans compter que vous serez peut-être seul. C'est à ces moments-là que vous regretterez de ne pas avoir un vrai joug. Transporter seul un canoë dont on a coincé les rames entre les barrots (comme le recommandent certains « experts ») est une aventure qui tient plus de la folie que du bon sens – même pour les masochistes !

L'installation la plus confortable est sans doute un joug de bois comportant une courbure et sur lequel sont apposés des coussinets en mousse prévus pour les épaules. Découpez votre joug dans du frêne blanc et fixez-le aux plats-bords du canoë en vissant deux boulons sur chaque côté.

Les coussinets pour les genoux

Cette pièce d'équipement n'est essentielle que pour les mordus des eaux vives. Les coussinets les moins chers (et les meilleurs) sont ceux que l'on fabrique en taillant une pièce de 30 cm^2 dans un matelas de sol en mousse (en néoprène ou en éthyl-vinyl-acétate). Collez vos coussinets sur la coque à l'aide de colle contact. Des coussinets semblables sont également vendus dans les boutiques spécialisées.

Les anneaux de bosse

Tout canoë est muni de trous ou d'anneaux à chacune de ses extrémités. On s'en sert comme de points d'attache pour les cordes de halage ou d'amarrage. Idéalement, ces points d'attache devraient se trouver le plus près possible de la ligne de flottaison pour assurer un bon contrôle lorsqu'on a à se servir des cordes pour tirer une embarcation et lui faire contourner des obstacles.

Percez un trou à 7,5 cm sous le pontet de manière à y introduire un bout de tuyau en PVC d'à peu près 1,5 cm de diamètre, que vous fixerez avec de la colle époxy. En plus de vous laisser assez d'espace pour y passer des cordes, ce tuyau empêchera une infiltration d'eau par la proue lorsque le canoë plongera dans un rapide.

4

Transport et portage d'un canoë

Toute sortie en canoë suppose une forme de portage quelconque, qu'il s'agisse d'arrimer l'embarcation sur une voiture, de la transporter jusqu'à l'endroit où on la mettra à l'eau ou encore de la porter au-delà des obstacles que présente un cours d'eau. Et si vous vous aventurez dans les régions sauvages du Canada, le portage fera partie de votre quotidien !

Contrairement à la croyance populaire, le portage requiert davantage de technique que de force physique. J'ai vu des femmes de 40 kilos soulever des embarcations d'une trentaine de kilos d'une seule main et les porter ensuite, sans s'arrêter, 500 m plus loin le long d'un sentier difficile. Par contre, j'ai connu des hommes de 80 kilos qui n'arrivaient pas à porter le même canoë sur plus de 30 m sans le laisser tomber sur un rocher avoisinant !

Étonnamment, il est presque toujours plus facile de porter un canoë seul qu'à deux. La raison en est que deux personnes pourront rarement coordonner leurs mouvements. En général, le portage à deux n'est efficace que sur des sentiers bien entretenus et lorsque le canoë à porter est équipé d'un joug à chacune de ses extrémités.

Sauf par temps très venteux, un adulte en bonne santé pourra dans la plupart des cas porter sans aide un canoë d'un poids raisonnable s'il est équipé d'un bon joug et s'il connaît les bonnes techniques de portage. La technique illustrée sur la page ci-contre constitue de loin la méthode la plus facile de soulever un canoë lorsqu'on est seul.

Marche à suivre

1. Tournez le canoë sur le côté et saisissez le centre du joug de la main droite (figure 4-1).
2. Pour ramener le canoë contre vos cuisses, tirez le joug vers le haut. En soulevant le canoë, saisissez le plat-bord éloigné de la main gauche, *un peu en avant du joug*, tandis que votre main droite s'empare du plat-bord rapproché *en arrière du joug*. Le poids du canoë devrait reposer presque tout entier sur vos cuisses (figure 4-2).
3. En poussant énergiquement sur votre jambe droite, ramenez le canoë au-dessus de votre tête et installez-le sur vos épaules. Si vous êtes assez rapide, ce sera du gâteau (figures 4-3 et 4-4) !

Soulever un canoë à deux : si vous voulez ménager vos forces, essayez de soulever le canoë à deux. La méthode ressemble à celle qui est illustrée à la page suivante, sauf que votre partenaire se tiendra près de vous, derrière le joug, tandis que vous vous tiendrez un peu en avant. Avant que vous le souleviez, le canoë devrait reposer sur vos cuisses et sur celles de la deuxième personne. Vos mains devraient se trouver *devant* le joug, tandis que celles de votre partenaire devraient se trouver *derrière*. Au signal, soulevez le canoë simultanément. Le tour est joué !

Soulever un canoë par une de ses extrémités : si l'apparence de votre embarcation vous importe, vous aurez intérêt à éviter cette technique, qui consiste à soulever le canoë à deux en le faisant rouler sur une de ses extrémités. Chaque fois que vous ferez rouler le canoë vers le haut, vous courrez le risque d'abîmer l'extrémité appuyée sur le sol (le bout du pontet). Recourez à cette méthode sur l'herbe, si vous voulez, mais évitez de l'employer sur un terrain rocailleux ou pavé.

Figure 4-1

Figure 4-2

Étape 1 : Soulever un canoë seul :
saisissez le centre du joug de la main droite et ramenez le canoë contre vos cuisses.
Étape 2 : saisissez le plat-bord éloigné de la main gauche et maintenez le canoë en équilibre sur vos cuisses. Notez l'emplacement de la main droite.
Étape 3 : poussez énergiquement sur la jambe droite et, d'un geste vif, faites pivoter le canoë au-dessus de votre tête.
Étape 4 : Appuyez les coussinets du joug sur vos épaules… et détendez-vous !

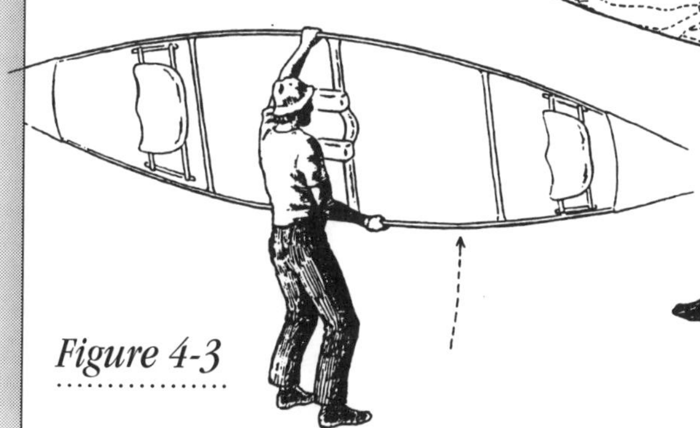

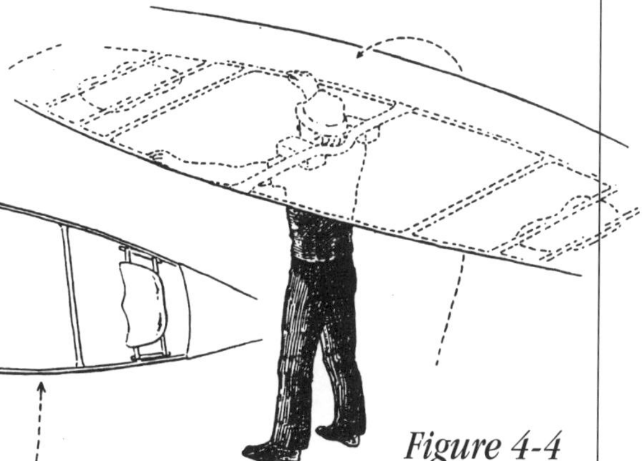

Figure 4-4

Figure 4-3

Transporter un canoë sur le toit d'une voiture

Avec suffisamment de corde, n'importe qui pourra fixer de façon sécuritaire un canoë sur le toit d'une voiture. Par contre, les choses se corsent lorsqu'on a plus d'une embarcation à transporter ou lorsque les vents sont violents. Voici une marche à suivre éprouvée qui assurera un transport sans encombre.

L'équipement: si votre automobile est munie d'un porte-bagages, procurez-vous un support à canoë que vous fixerez dessus. Évitez les supports à ventouses, qui pèsent inutilement sur le toit de l'automobile. Si votre véhicule est muni de portes d'un modèle particulier, procurez-vous un support adapté, car un support ordinaire ne fera pas l'affaire ! Il existe par ailleurs des fixations spéciales pour les camionnettes dépourvues de porte-bagages ou munies d'un toit décapotable.

Les supports à canoë doivent être recouverts de tapis pour éviter que les plats-bords de l'embarcation ne soient abîmés. On pourra recouvrir d'une gaine de caoutchouc certains des tubes métalliques d'un support à canoë (ceux qui auront un diamètre de 2,5 cm environ). Il suffira de lubrifier les tubes avec du liquide de freins pour faire glisser la gaine par-dessus. Lorsque le liquide de freins aura figé, le « porte-canoë » sera opérationnel.

Les cordes d'attache: chaque canoë devra être attaché séparément au moyen de deux cordes latérales (attachez les cordes le plus près possible des plats-bords pour faire échec aux bourrasques) et de deux autres cordes fixées aux pare-chocs du véhicule. Employez des crochets en forme de S sur des pare-chocs tranchants ou, pour une sécurité optimale, percez des trous dans les pare-chocs et installez-y des œillets. Le nœud de charretier (voir la figure 4-5) est le nœud le plus efficace pour fixer une embarcation au toit d'un véhicule.

Si vous avez à transporter deux canoës sur le même support, fixez un morceau de tapis ou un coussin entre les deux. Cela empêchera que les quilles ne s'abîment au contact l'une de l'autre durant le transport.

Il est possible de transporter un troisième canoë sur un support prévu pour deux. Vous fixerez le troisième canoë sur deux bouts de bois (5 cm × 10 cm) disposés perpendiculairement aux quilles des deux canoës placés en dessous. Puis, pour attacher tout cela, vous devrez fixer (avec de la corde) les bouts de bois aux armatures du porte-bagages. Votre automobile paraîtra sans doute un peu excentrique, mais l'arrangement n'en sera pas moins solide.

Figure 4-5

Le nœud de charretier

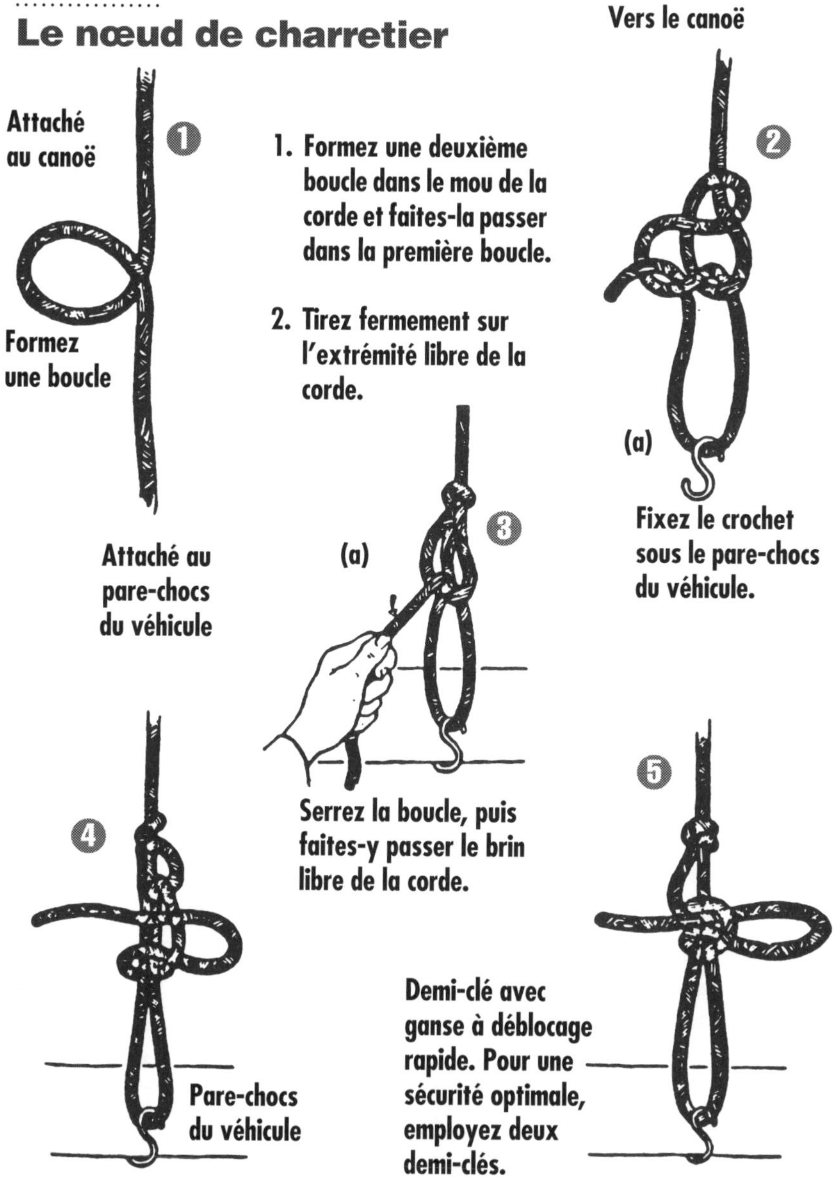

5

L'art de pagayer

Les coups de base

Au fil des pages de n'importe quel manuel élémentaire sur le canoë, vous tomberez toujours sur ces avertissements rebattus : *soyez prudent* lorsque vous approchez d'un rapide ou d'une cascade ; évitez les eaux plus dangereuses jusqu'à ce que vous ayez acquis un minimum d'*expérience*. La *prudence* et l'*expérience*, voilà des mots d'ordre fort utiles à retenir, dira-t-on, en prévision d'une sortie en canoë. Eh bien, n'en croyez rien !

Il y a quelques années, j'ai participé au sauvetage de deux canoéistes qui étaient tombés par inadvertance d'une cascade de 4 m de hauteur dans le parc provincial de Quetico, en Ontario. Les deux hommes survécurent, mais pas leur canoë ! Ce fut là une illustration typique d'un accident de canoë qui aurait pu tourner à la catastrophe. Les deux hommes avaient été *prudents* à l'approche de la cascade et, de leur propre aveu, ils étaient *expérimentés*. Seulement, ils ne savaient pas pagayer ! Pendant dix ans, ils avaient répété les mêmes erreurs sans qu'il leur arrive malheur. Jusqu'au jour où ils eurent à affronter la cascade...

Comme on le verra, il ne suffit pas simplement de pagayer beaucoup pour apprendre la bonne technique à employer en canoë. Ce qui pourra vous y amener cependant, ce sera une bonne compréhension des coups de base et de leur exécution.

Figure 5-1

Les schémas dans ce livre emploieront le système d'identification suivant.

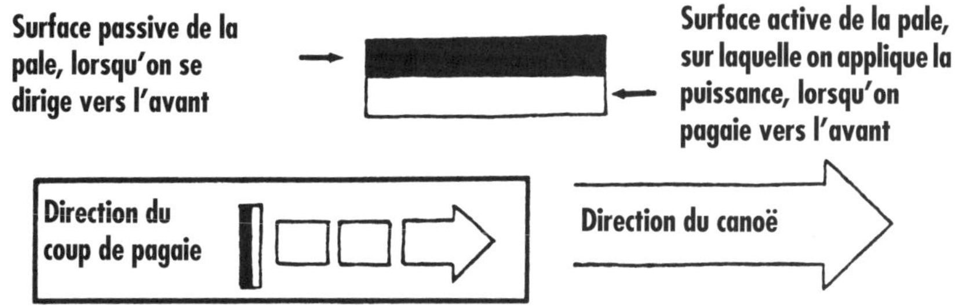

La propulsion
(coup employé à l'avant et à l'arrière)

Voici un coup de pagaie que chacun croit savoir exécuter (voir la figure 5-2). Plongez la pale de la pagaie dans l'eau et tirez vers l'arrière. C'est ainsi qu'il faut faire ? Presque. En fait, la propulsion est si complexe que les adeptes des compétitions en canoë passent une bonne partie de leur vie à essayer de perfectionner leur technique. Quelques instants passés dans un canoë de course en compagnie d'un pro dissiperaient sans doute toutes vos illusions relatives à la « simplicité » de ce coup.

Commencez le coup de pagaie avant le plus près possible du canoë et aussi loin que possible en avant de vous, sans toutefois projeter votre corps vers l'avant. Maintenez votre main supérieure assez basse (sous le niveau des yeux) et poussez ! La puissance viendra surtout de la main supérieure, alors que la main inférieure sert principalement de guide.

En donnant le coup, faites pivoter vos épaules de manière que la pagaie se déplace dans l'eau en ligne droite, parallèle à la quille. Ne suivez pas la courbe du plat-bord ! Au moment où votre main inférieure aura atteint le niveau de vos hanches, dégagez la pagaie et attaquez de nouveau. En plus de vous faire dépenser de l'énergie inutilement, le fait de laisser aller la pagaie trop loin en arrière ralentirait le canoë. Cela s'explique par le fait qu'une fois qu'elle a dépassé la position verticale, la pale pousse l'eau vers le haut, ce qui a pour effet d'enfoncer le canoë dans l'eau et de réduire sa vitesse. C'est pour cette raison d'ailleurs que les pagaies à manche courbé (dont l'angle de la pale est modifié de 12 à

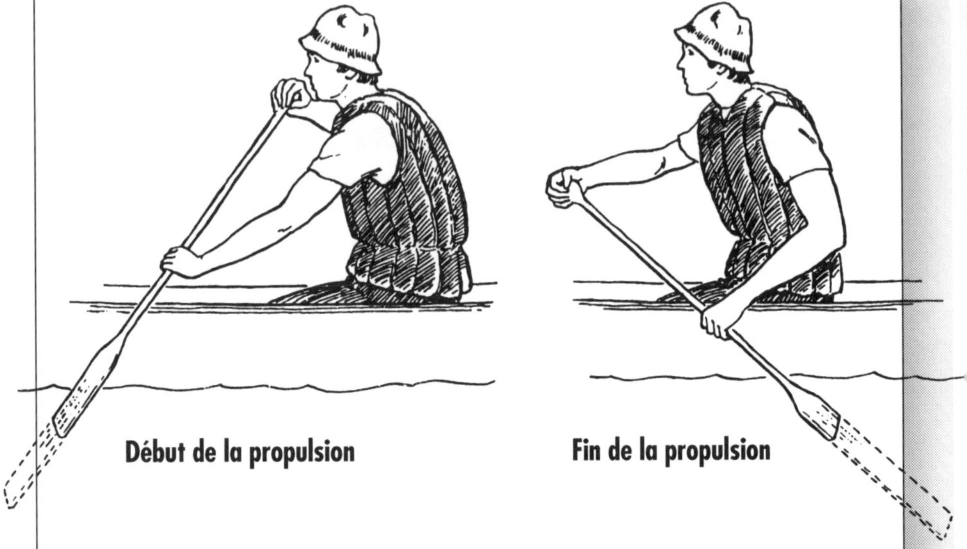

Figure 5-2

Pagayer vers l'avant : plongez la pagaie dans l'eau à une soixantaine de centimètres au moins en avant de votre corps. Assurez-vous que votre main supérieure demeure assez basse, sous le niveau des yeux.

14 degrés vers l'avant) sont plus efficaces que les pagaies à manche droit. Avec une pagaie à manche courbé, l'angle de la pale reste tourné vers le bas lorsqu'on termine la motion vers l'arrière. Ainsi on ne fait pas remonter d'eau et on ne perd pas de vitesse.

Pour ramener la pale à son point d'entrée dans l'eau, il faut la tourner pour qu'elle soit parallèle à l'eau. Cela est particulièrement important par temps venteux.

L'erreur la plus commune chez les débutants consiste à tenir la pagaie en travers de leur corps. Le manche de la pagaie doit toujours être tenu *perpendiculaire* à l'eau.

La rétropulsion
(employée à l'avant et à l'arrière)

C'est par nécessité que la plupart des canoéistes apprennent ce mouvement, lorsqu'une roche menaçante apparaît devant eux par exemple. Il s'agit de l'un des premiers coups que l'on apprend - et que l'on perfectionne - lorsqu'on fait du canoë en eaux vives.

Tournez vos épaules et commencez votre mouvement le plus loin possible en arrière, en vous servant de vos bras comme d'un levier pour tirer la pagaie dans l'eau. Les débutants ont tendance à ramener le manche de la pagaie en travers de leur corps, ce qui réduit de moitié l'énergie du mouvement. Le manche de la pagaie devrait être parfaitement vertical.

Lorsque vient le temps de faire marche arrière, les canoéistes d'eaux vives préfèrent une technique qui s'apparente à celle de l'appel, sauf que le coup de pagaie se donne parallèlement à la quille.

Marche à suivre : tournez le haut du corps de 90 degrés vers le côté où vous pagayez et regardez vers l'arrière. Puis, avec votre pagaie, tirez l'eau vers l'avant du canoë. En plus d'être très efficace, ce coup « d'appel arrière » permet une transition naturelle vers le coup d'appel traditionnel, qui est essentiel pour corriger l'angle d'un canoë traversant un fort courant (voir le chapitre 6).

Le coup d'appel
(employé à l'avant et à l'arrière)

Les anciens manuels sur le canoë recommandent le coup de gouvernail à la proue pour tourner le canoë du côté où l'on pagaie. De nos jours, le coup de gouvernail a été remplacé par le coup d'appel, beaucoup plus puissant et universel (figure 5-3).

Pour le maximum de puissance et de stabilité, exécutez le coup d'appel à partir d'une position à genoux ou solidement assis. Plongez votre pagaie dans l'eau le plus loin possible du plat-bord, puis ramenez-la vers vous de manière à pousser l'eau *sous* le canoë. Lorsque la pagaie se trouvera à 15 cm de la coque environ, dégagez-la sur la tranche (en tirant vers l'arrière, puis vers le haut) et commencez un nouvel appel. Pour développer une puissance optimale, projetez le haut de votre corps dans le mouvement.

Le coup d'appel produit une force constante qui redresse le canoë et qui l'empêche ainsi de chavirer. Toutefois, lorsqu'on cesse de produire cette force, on se retrouve à la merci de la gravité. Il faut donc s'assurer

Mouvement exécuté en solitaire

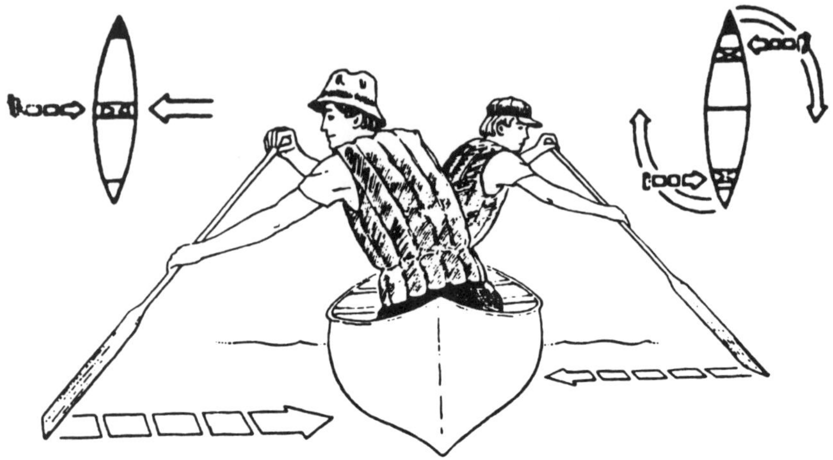

Figure 5-3

Le coup d'appel

que le poids du corps est bien centré dans le canoë au moment de terminer le mouvement.

L'appel débordé
(employé à l'avant du canoë seulement)

Ce coup, qui est une variation du coup d'écart, n'est en fait qu'un appel exécuté de l'autre côté de la proue du canoë. Tournez le haut du corps et portez votre pagaie de l'autre côté de la proue du canoë, le plus loin possible, puis *appelez* l'eau. Le canoë pivotera promptement du côté de la pagaie.

L'appel débordé ne peut être exécuté qu'en solitaire ou à la proue du canoë. Lorsqu'on est deux, on ne peut pas l'employer en poupe. Il s'agit d'un coup très puissant qui, lorsqu'il sera combiné à un solide coup d'écart exécuté à la poupe, fera littéralement pivoter l'embarcation sur son point central. Le coup d'appel débordé, du reste, est sécuritaire dans la mesure où la pale n'entre pas profondément dans l'eau et ne risque pas de se coincer dans des rochers, ce qui pourrait provoquer un dessalage.

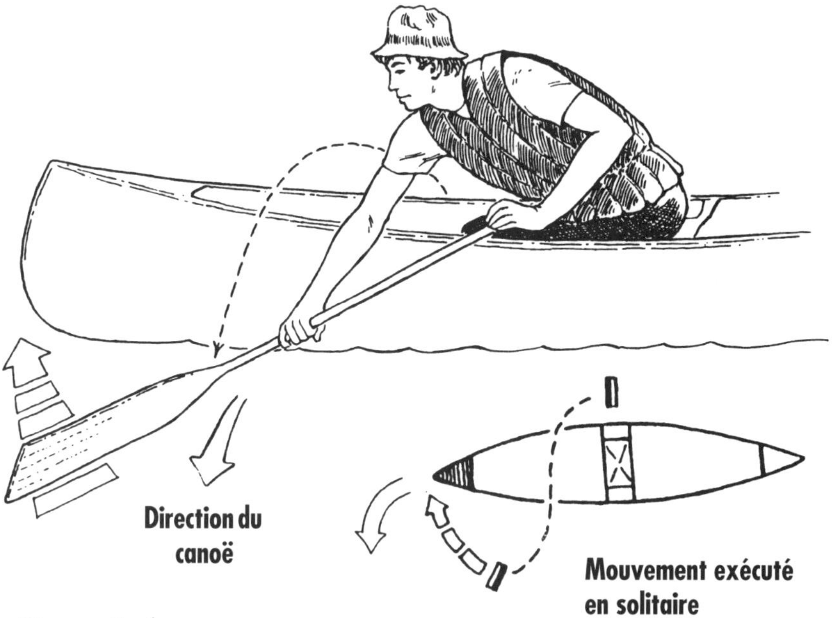

Figure 5-4

L'appel débordé, un coup très efficace pour tourner vers le côté opposé.

Le coup d'écart
(employé à l'avant et à l'arrière)

Le coup d'écart (voir la figure 5-5) est le mouvement inverse de l'appel. Commencez le mouvement sous le bouchain (renflement) du canoë et servez-vous de la pagaie comme d'un levier, en l'appuyant sur le plat-bord du canoë, pour pousser l'eau vers l'extérieur. Le recouvrement s'effectue sous l'eau, sur la tranche de la pale. Vous comprendrez aisément la mécanique de ce mouvement une fois que vous l'aurez essayé.

Personnellement, je n'aime pas beaucoup le coup d'écart, qui a tendance à abîmer les manches de pagaies et les plats-bords du canoë. Toutefois l'écart, comme l'appel, répond très bien à l'effort. C'est pour cette raison qu'on le préfère d'habitude au coup d'appel débordé lorsqu'on doit faire tourner un canoë dans un rapide.

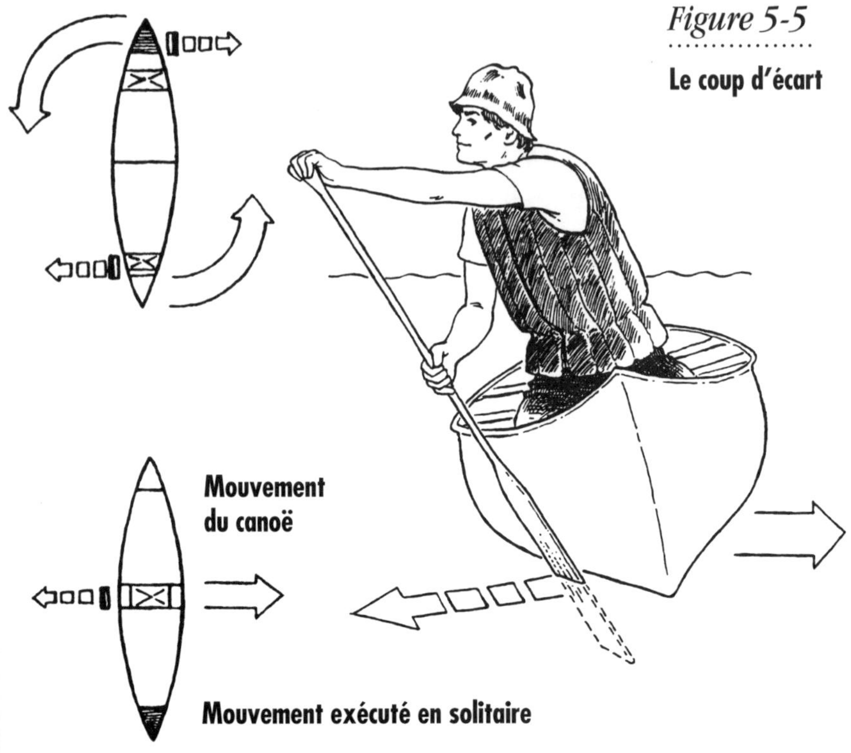

Figure 5-5

Le coup d'écart

Attention : évitez l'écart en eau peu profonde, car une pale coincée entre deux rochers pourrait provoquer un dessalage !

Le coup de redressement (coup en « J ») *(employé à l'arrière seulement)*

Les débutants apprennent vite qu'il ne suffit pas de pagayer pour faire avancer un canoë en ligne droite : il faut aussi le gouverner. Un canoë qui avance aura toujours tendance à dévier vers le côté opposé à celui qu'occupe la personne bordée à l'arrière. Lorsque l'embarcation recule, c'est le contraire qui se produit.

On corrige habituellement ce problème en recourant au coup de redressement. Pour exécuter le coup de redressement, entamez une

Figure 5-6

Le coup de redressement (en « J »)

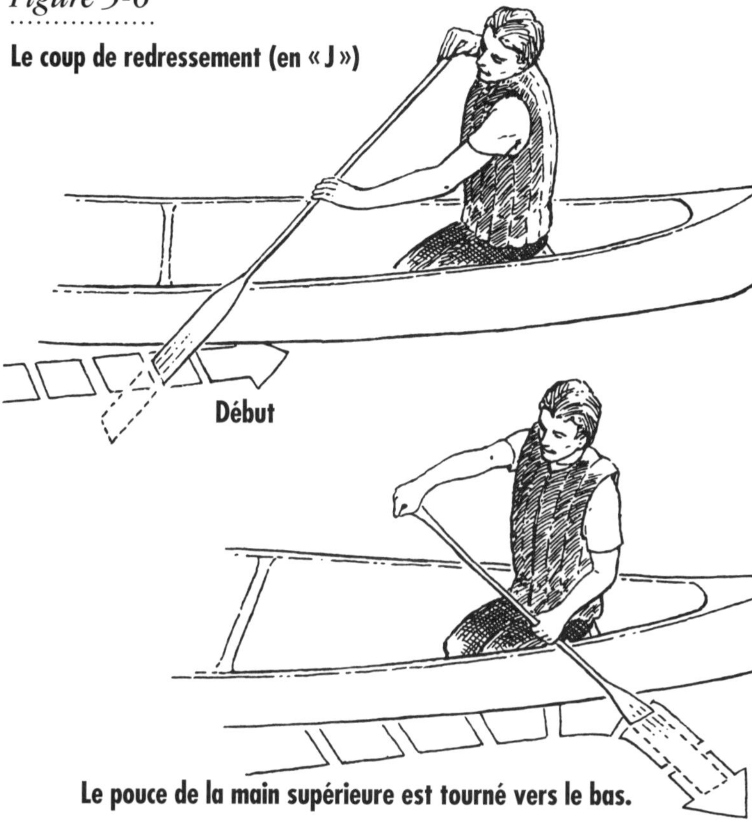

Le pouce de la main supérieure est tourné vers le bas.

propulsion, mais terminez-la par une légère poussée vers l'extérieur (figure 5-6).

Il existe plusieurs variantes du coup de redressement. Certains canoéistes le commencent par une légère propulsion, puis, avant la fin de la passée, ils commencent à tourner le pouce de la main supérieure vers le bas (en l'éloignant du corps), ce qui a pour effet de changer l'angle de la pale. Le degré de cet angle s'accroît de sorte qu'à la fin du coup la pale se retrouve en position de gouvernail.

À ce moment-là, le pouce de la main supérieure doit pointer franchement vers le bas. Si la direction du canoë n'est pas parfaitement corrigée à la fin du mouvement, un léger écart (J) fera l'affaire.

L'importance de la correction variera proportionnellement à celle de l'écart. Ce redressement « à angle » ou *pitch stroke* constitue la plus puissante et la plus efficace des diverses variantes du coup de redressement.

Les adeptes d'eaux vives qui rejettent la tradition et le style emploient tout simplement une propulsion terminée par un écart, en gardant les pouces pointés vers le haut.

Lorsque le canoë recule, c'est la personne installée à l'avant qui est la mieux placée pour maintenir la trajectoire de l'embarcation, en exécutant un ou plusieurs coups de redressement.

Le coup Minnesota
(employé simultanément par les deux partenaires)

Le coup Minnesota (figure 5-7) est apparu pour la première fois dans les années 40 et il a permis à Eugene Jensen et à Tom Estes de remporter une série de courses en canoë. Au lieu d'employer le traditionnel coup de redressement (en « J ») pour maintenir une trajectoire rectiligne, Eugene et Tom, au signal donné, changeaient leur pagaie de côté. Tous les six ou huit coups de pagaie, Tom criait « Hut ! » et chacun des deux hommes se mettait à pagayer du côté que délaissait son coéquipier. Avec les années, la popularité du coup Minnesota a crû, au point qu'il est

Figure 5-7

Le coup Minnesota : il est très facile de changer de côté et lorsque les deux partenaires exécutent bien le mouvement, ils ne perdent pas plus d'une fraction de seconde.

devenu aujourd'hui le coup de prédilection des canoéistes qui veulent se déplacer rapidement. Il est employé par tous les canoéistes de compétition (avec des pagaies à manche courbé, bien sûr !) et on ne voit plus guère de compétiteurs employer le coup de redressement.

Le coup Minnesota est très efficace. En fait, il n'a pas son égal quand vient le temps de traverser les vagues d'un lac balayé par le vent. Par contre, le canoë aura tendance à décrire un parcours plutôt irrégulier, et c'est la raison pour laquelle ce coup ne plaît pas beaucoup aux puristes.

La propulsion circulaire

On emploie ce mouvement circulaire lorsqu'on manœuvre en eau calme et qu'on veut faire décrire de jolis arcs de cercle au canoë. Toutefois, en comparaison des puissants coups d'appel, de l'appel débordé et du coup d'écart, il est peu efficace. Pourtant, il n'en fait pas moins partie du répertoire des coups à connaître (figures 5-8, 5-9 et 5-10).

Figure 5-8

Propulsion circulaire complète

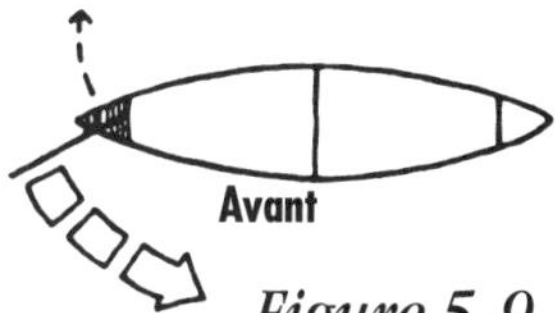

Figure 5-9

Propulsion circulaire avant

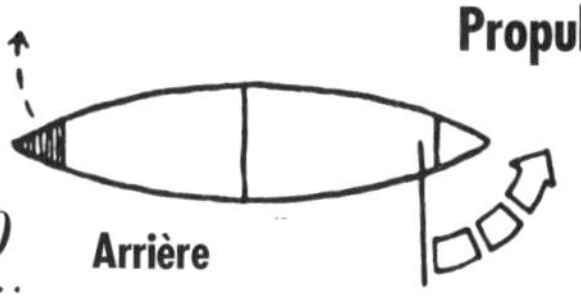

Figure 5-10 **Arrière**

Propulsion circulaire arrière : le canoë accélérera et tournera à droite.

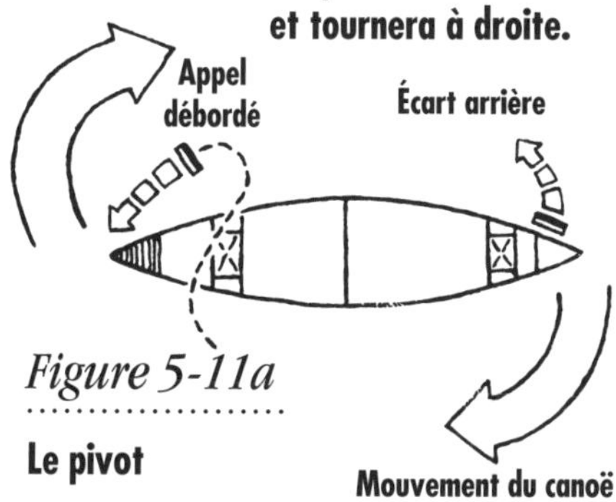

Figure 5-11a

Le pivot

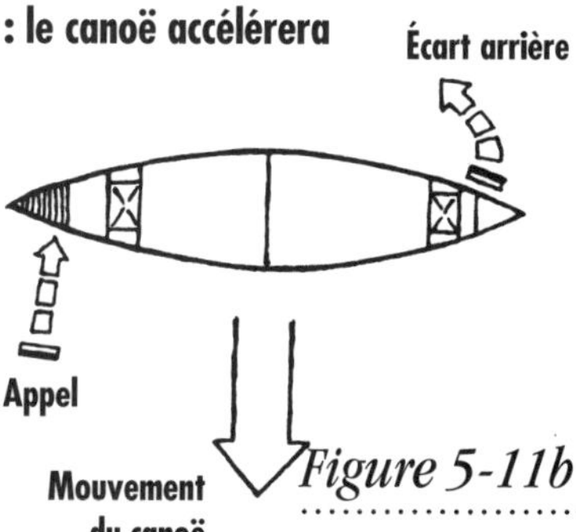

Figure 5-11b

Le déplacement latéral

Le coup d'écart arrière
(employé à l'arrière seulement)

Ce coup s'apparente à une propulsion circulaire arrière, sauf qu'on n'effectue que la portion extérieure de l'arc.

Pour développer la plus grande puissance, commencez l'écart arrière le plus loin possible derrière vous. Poussez la pale vers l'extérieur, d'un geste vif, en vous servant de vos bras comme d'un levier ; ou peut-être (si vous êtes assis) en appuyant le manche de votre pagaie sur le plat-bord du canoë, vis-à-vis de vos hanches. Combinez ce coup à un vigoureux coup d'appel débordé exécuté à l'avant (figure 5-11a), si vous voulez faire pivoter l'embarcation sur son point central. Si vous désirez plutôt déplacer le canoë latéralement (figure 5-11b), combinez l'écart arrière à un appel simple exécuté à l'avant.

L'appel en godille *(sculling draw)*
(employé à l'avant ou à l'arrière du canoë)

L'appel en godille (figure 5-12) est employé pour déplacer un canoë latéralement en eau trop peu profonde pour qu'on puisse y exécuter un coup d'appel efficace. C'est un coup qui peut se révéler pratique aussi en eau agitée, dans la mesure où il a un puissant effet stabilisateur.

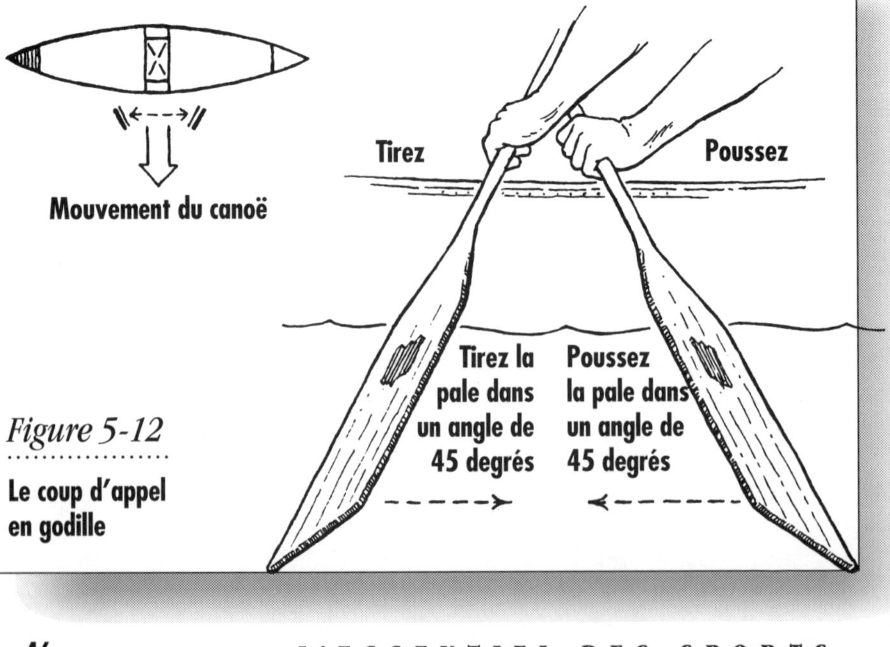

Figure 5-12

Le coup d'appel en godille

S'il est difficile à décrire, l'appel en godille n'en est pas moins facile à exécuter et fascinant à regarder. Exécutez ce coup devant des curieux et vous acquerrez instantanément le statut d'expert à leurs yeux !

Marche à suivre : mettez votre pagaie à l'eau à une distance confortable du canoë et à une cinquantaine de centimètres en avant de votre corps. Tournez la surface d'attaque de la pale (la face propulsive) dans un angle de 45 degrés environ par rapport au canoë. Puis, tout en maintenant cet angle, tirez la pagaie vers l'arrière. À la fin de la passée, tournez la surface d'attaque de la pale de 90 degrés et, en vous servant de cette même surface, poussez l'eau en avant. Le canoë « sautera » en direction de la pagaie.

L'appel en godille est parfois appelé « coup en huit » parce que le mouvement de la pale dans l'eau évoque ce chiffre-là. Mais à bien y regarder, cela est faux : le tracé de la pale est presque parallèle à la ligne de quille du canoë.

Le *coup d'appel en godille inversé* aura pour effet d'éloigner le canoë de la pagaie.

L'appui en poussée
(employé à l'avant et à l'arrière)

L'appui en poussée (figure 5-13) a un effet de balancier qui permet de stabiliser le canoë dans les virages et d'éviter un dessalage dans les grosses vagues.

Tendez très loin les bras, de manière que la pagaie soit presque couchée à plat sur la surface de l'eau, et tournez la paume de la main supérieure vers le haut. Mettez tout votre poids sur la pagaie – un effort timide ne suffira pas. Si vous êtes en train de chavirer, une vigoureuse poussée vers le bas devrait redresser le canoë. La poussée devra être en même temps vive et coulante. Si le canoë avance, tournez légèrement la surface d'attaque de la pale de manière à opposer une résistance à l'eau. Puis, pesez sur la pagaie : le léger effet de planage qui s'ensuivra devrait stabiliser le canoë.

L'appui en poussée est indispensable lorsqu'il faut faire tourner le canoë en direction d'un tourbillon ou encore lorsqu'il faut l'en éloigner (voir le chapitre 6), de même que pour contrôler un virage sec vers l'intérieur.

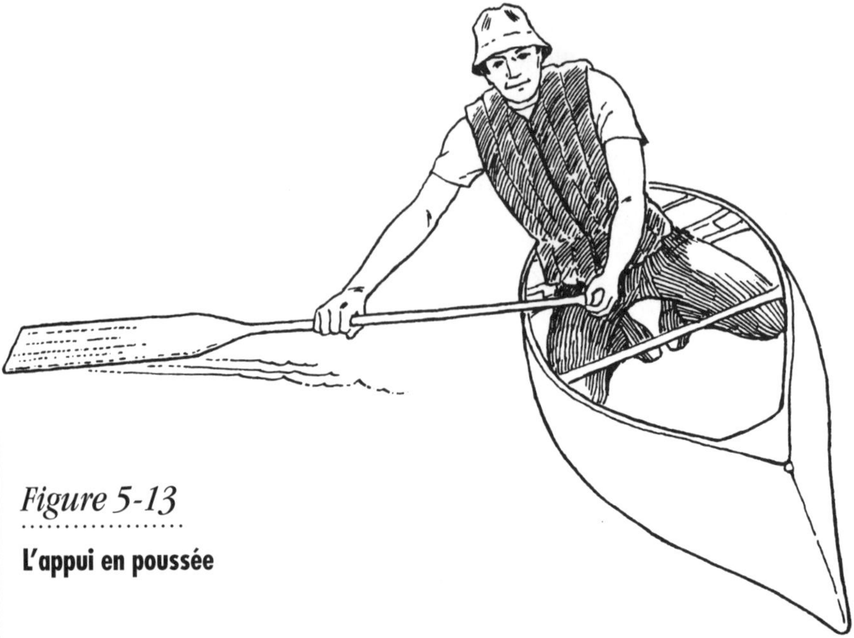

Figure 5-13

L'appui en poussée

L'appui en traction
(employé à l'avant et à l'arrière)

Certaines situations exigeront tout ensemble un appui stable, un coup d'appel et une inclinaison du canoë, c'est-à-dire un appui en traction (figure 5-14). Il s'agit tout simplement d'un coup d'appel stationnaire, au cours duquel la surface d'attaque de la pagaie est tenue à contre-courant (ou dans un angle approprié à la force du courant). L'efficacité de ce coup dépendra de la vitesse - de la vitesse à laquelle vous pagayez ou de celle du courant - et de la forte inclinaison que vous devrez donner au canoë pour contrebalancer la force du courant. L'appui en traction se transforme aisément en appel - un coup essentiel à maîtriser pour entrer dans les tourbillons et effectuer des virages secs.

Figure 5-14

L'appui en traction

Le coup en « C »
(effectué en solo seulement)

Le coup en « C » (figure 5-15) est le coup en « J » du pagayeur solitaire. C'est le seul coup qui permette de maintenir la trajectoire d'un canoë sans constamment changer de bord.

Commencez le coup en « C » par un appel diagonal, puis décrivez avec la pagaie un arc de cercle vers l'intérieur, jusqu'*en dessous* du canoë. Terminez le coup par une légère poussée vers l'extérieur plutôt que par le mouvement énergique exécuté à la fin du coup de redressement. La qualité du coup dépendra de votre aptitude à ouvrir graduellement l'angle de la pale pendant la passée. Pour vous faciliter la tâche, vous devrez tourner progressivement le pouce de la main supérieure de manière qu'il pointe franchement vers le bas à la fin du coup.

Figure 5-15

Le coup en « C »

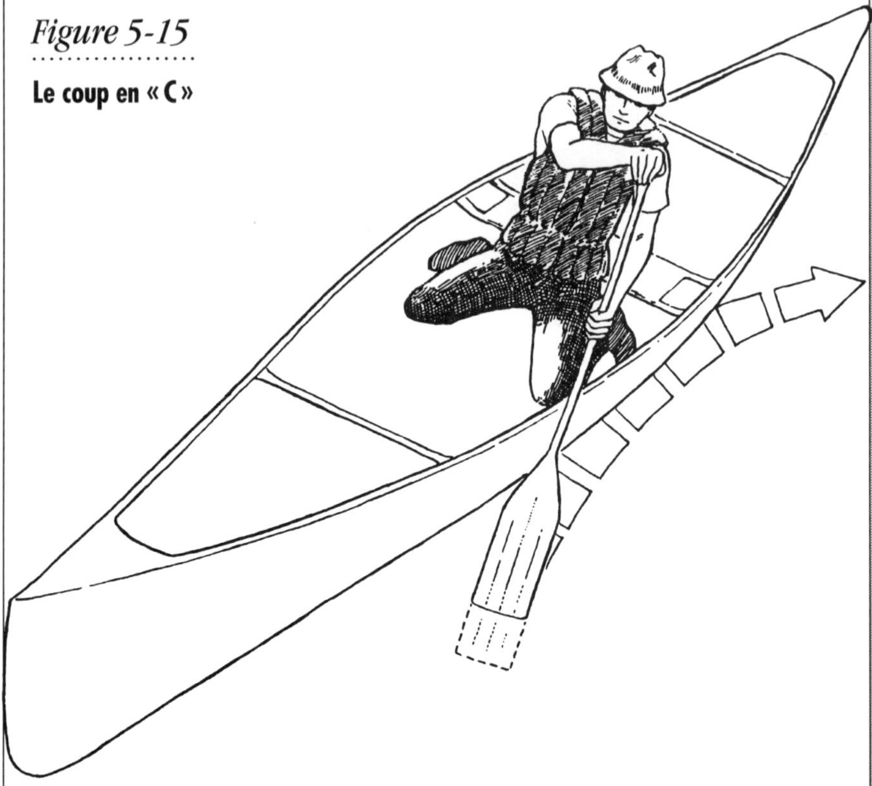

6

Le canoéisme en eaux vives et dans les courants

Nous avions accosté juste avant la cascade et nous avions marché le long d'un sentier battu jusqu'au rocher qui surplombait le rapide. Là, nous vîmes deux jeunes hommes qui se tenaient près du précipice et qui discutaient avec une effusion exagérée du plan qu'ils allaient mettre en œuvre pour contourner le gros rocher (figure 6-1). Je décidai de faire de l'ombre à leur papotage ridicule en réunissant autour de moi mon jeune équipage.

Figure 6-1

La technique du bac arrière vous permettra d'atteindre la zone sûre (les petites flèches indiquent le sens dans lequel il faut pagayer).

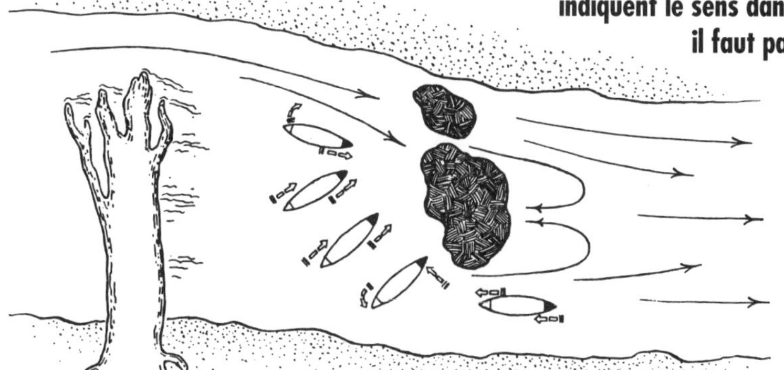

« Ne les écoutez pas, leur dis-je calmement. Si vous arrivez à maîtriser la technique du bac, ce sera du gâteau ; si vous n'y parvenez pas, le rapide aura raison de vous, c'est certain. Voici ce que vous allez faire : dès que vous aurez franchi l'arbre, faites dévier l'arrière du canoë vers la droite et rétropulsez le plus rapidement possible. Si l'équipier arrière est bordé à gauche, un vigoureux écart arrière donnera le bon angle au canoë. Si l'équipier arrière est bordé à droite, des coups d'appel aux deux extrémités feront l'affaire. Dès que vous aurez le bon angle, rétropulsez – et mettez-y du nerf ! Vous glisserez latéralement sur la rivière jusqu'au passage situé sur la droite. Si par contre vous vous embrouillez et que vous ratez "le bac", vous êtes cuit ! »

Des questions ?

Pendant que nous parlions, les deux jeunes hommes se jetèrent dans le courant. Quelques secondes plus tard seulement, tout était fini : inexpérimentés, les jeunes hommes avaient heurté le rocher de côté et chaviré. À présent, ils surnageaient dans l'eau écumeuse avec tout leur équipement de camping. Heureusement, leur situation n'était pas dangereuse : ils purent se laisser flotter jusqu'à des eaux plus calmes où une demi-douzaine d'adolescents surexcités les aidèrent à gagner la rive.

Quand la voie a été libre, mon équipe et moi-même avons entamé notre descente. Après avoir passé l'arbre, nous avons exécuté un bac à droite et filé jusque dans le passage, exactement comme nous l'avions prévu. Il s'agissait là d'une situation typique où il faut savoir mettre la théorie en pratique. Et pour avoir si bien réussi, nous méritions tous des notes parfaites.

Ce n'est pas sans orgueil que je me félicitai des deux journées d'entraînement auxquelles j'avais soumis mon équipe avant cette sortie. Mais ce qui fut plus satisfaisant encore, ce fut de lire l'expression d'envie sur les visages des deux jeunes hommes détrempés lorsqu'ils virent deux filles de quatorze ans négocier aussi habilement le rapide avant de réussir à la perfection un accostage par la poupe à quelques mètres seulement de leur propre canoë encore submergé. Ce fut une illustration éloquente du fait que quelques grammes d'habileté pèsent plus lourd qu'une tonne de muscles !

Un bac avant, un bac arrière et, au moment propice, savoir contourner le tourbillon. Voilà les techniques que vous devrez maîtriser si vous voulez affronter des courants complexes. Et comme le montre bien l'exemple ci-dessus, on ne peut pas espérer vaincre une rivière par la force. Par contre on peut, avec les bonnes habiletés, se montrer plus rusé qu'elle. Voici ce qu'il faut faire !

Apprenez la technique du bac!

Ce n'est pas d'hier qu'on emploie la technique du bac pour affronter les courants : les Égyptiens de l'Antiquité la connaissaient déjà ! Ils orientaient leurs barques dans un angle de 30 degrés par rapport au courant pour avancer en douceur. Les deux vecteurs suivants - la vitesse du bateau en ligne droite et la force latérale du courant - leur permettaient de se transporter obliquement le long d'une rivière.

Le choix d'exécuter un bac avant (l'avant de l'embarcation pointé en aval - figure 6-2) ou un bac arrière dépend des circonstances. Dans un passage très étroit, où les virages rapides sont impossibles, on recommande le bac arrière. Cependant, le bac avant s'impose lorsqu'il faut manœuvrer en eaux ouvertes. Le bac est une question d'habileté, et non de force brute. Voici les règles d'or d'un passage sans heurt.

1. Il est nécessaire dans un premier temps de maîtriser les coups expliqués au chapitre précédent. Il serait inutile de vous exercer aux manœuvres du bac sur votre embarcation sans avoir apprivoisé d'abord les commandes du moteur.

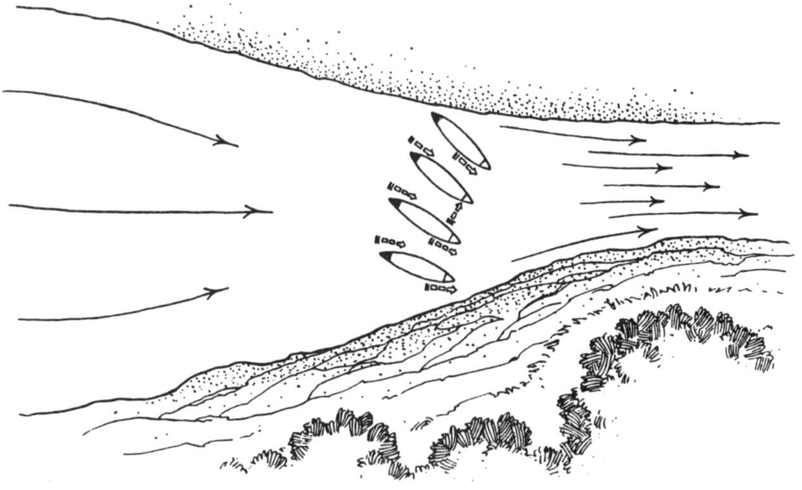

Figure 6-2

Traverser une rivière en employant la technique du bac (les flèches indiquent le sens dans lequel on devrait pagayer).

2. L'angle idéal de votre canoë par rapport au courant devrait être de 30 degrés. Si l'ouverture est plus petite, vous dépenserez inutilement vos forces ; si elle est plus grande, vous aurez du mal à la maintenir. L'efficacité du bac dépend d'une relation trigonométrique entre l'angle choisi et la force du courant. Si le courant est très fort, il sera parfois nécessaire d'adopter un angle très ouvert (jusqu'à 90 degrés) par rapport au flot de la rivière pour atteindre l'autre rive sans risquer d'être emporté en aval. Toutefois, la plupart des canoéistes peuvent difficilement maintenir un angle d'attaque de plus de 45 degrés. Aussi, comme le fait de « perdre son angle » dans un courant fort provoque dans la plupart des cas une cravate ou, ce qui est pire - un dessalage, il est recommandé d'avoir une approche prudente. En général, je teste les courants forts en adoptant d'abord un angle de 15 ou 20 degrés. J'ouvre cet angle au fur et à mesure que ma confiance s'accroît et, bien sûr, je le ferme dès que le besoin s'en fait sentir. La figure 6-2 illustre la relation entre le courant et l'angle du bac.
3. Lorsque vous traversez une grande étendue d'eau au bac, gardez les yeux sur la rive à atteindre. Il est très difficile de maintenir le bon angle sans se référer à un point de repère quelconque situé sur la terre ferme.
4. Le canoë devrait être parfaitement équilibré, ou encore un peu plus léger à l'extrémité qui est en amont. Par contre, il faut des équipiers très habiles pour exécuter un bac arrière dans un canoë plus lourd à l'arrière.
5. Dans le cas d'un bac avant, le pagayeur installé à l'arrière développera plus de puissance que le pagayeur installé à l'avant. Dans le cas d'un bac arrière, ce sera le contraire. La responsabilité de corriger l'angle du bac reviendra donc au pagayeur qui se trouvera en aval.

Une fois que vous aurez maîtrisé la technique du bac, vous lui découvrirez toutes sortes d'applications. En voici quelques-unes...

Accoster dans les courants

Le courant d'une rivière est plus fort en son centre que le long des berges. C'est pour cette raison que, lorsqu'on essaie d'accoster le nez en avant, le courant s'empare souvent de la queue du canoë pour le faire tournoyer en aval. Si le courant est faible, le canoë se mettra à tournoyer (la figure 6-5 montre un tourbillon « contrôlé ») et un novice sera incapable d'en récupérer la maîtrise. Si par contre le courant est fort, le canoë tourbillonnera follement et il y aura risque de dessalage !

C'est pourquoi il est presque toujours préférable d'accoster par un bac arrière. Alignez tout simplement la queue du canoë dans la direction voulue, puis rétropulsez. Vous augmenterez vos chances de contrer la force du courant et d'accoster en souplesse si vous rétropulsez énergiquement. À la fin, la queue du canoë glissera doucement dans les eaux calmes qui bordent la rive, et l'avant suivra. C'est une technique facile comme bonjour et qui vous vaudra à coup sûr l'admiration de vos amis.

Négocier les courbes

Lorsque le courant suit une trajectoire courbe, il est toujours plus fort dans la portion extérieure de cette courbe. C'est pourquoi les novices s'y laissent souvent aspirer par l'extrémité arrière de leur embarcation. Si vous voulez conserver la maîtrise de votre canoë dans un virage serré, vous aurez intérêt à exécuter un bac arrière pour le contourner. La figure 6-3 illustre la marche à suivre.

Le déplacement latéral

Dans les courants lents où exécuter un bac serait forcer la note, un simple déplacement latéral peut souvent faire l'affaire. Voici les coups à exécuter : à l'avant, on effectuera un coup d'appel tandis qu'à l'arrière on fera un écart, ou vice versa (voir la figure 6-4).

Vous vous rendrez compte assez rapidement que, dans un canoë ordinaire, un déplacement latéral ne permet ni d'aller bien vite ni d'aller bien loin. Il s'agit donc d'une manœuvre qui s'emploie sur de courtes distances seulement. Souvent, un déplacement latéral de quelques centimètres à peine suffira à éviter un gros rocher ou un écueil menaçant devant soi. Le bac et les déplacements latéraux, du reste, sont les deux tactiques les plus efficaces pour éviter les obstacles le long d'une rivière.

Les contre-courants : des endroits sûrs pour faire une pause !

Dans une rivière, l'écoulement de l'eau autour d'une roche ou d'un rocher (si elle ne passe pas par-dessus) provoque juste derrière cette roche un délicat contre-courant. Comme il peut devenir très éreintant de pagayer sur de longues portions de rapides, les eaux plus calmes d'un contre-courant constituent d'excellents endroits pour se reposer un peu et faire le point.

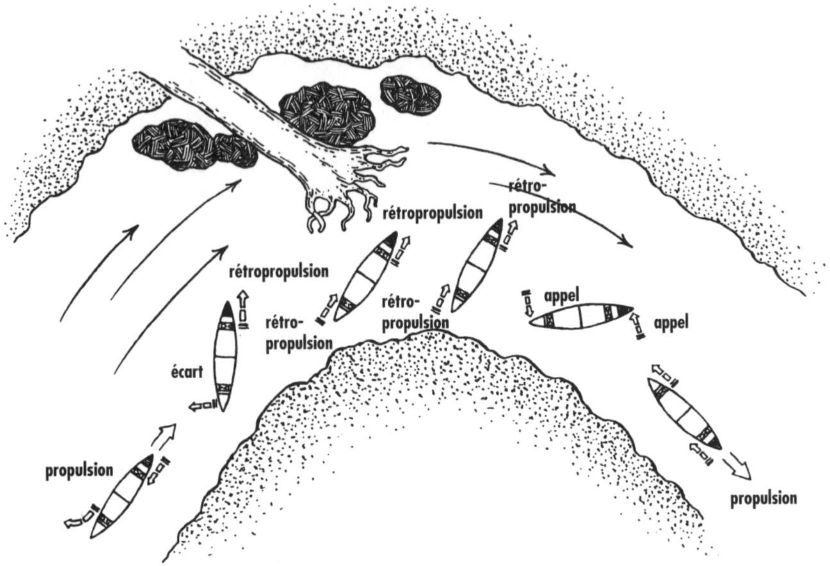

Figure 6-3

La technique du bac employée pour négocier un virage serré : tenez-vous loin de l'extérieur de la courbe, à moins de vous trouver en eau peu profonde (les flèches indiquent le sens dans lequel il faut pagayer).

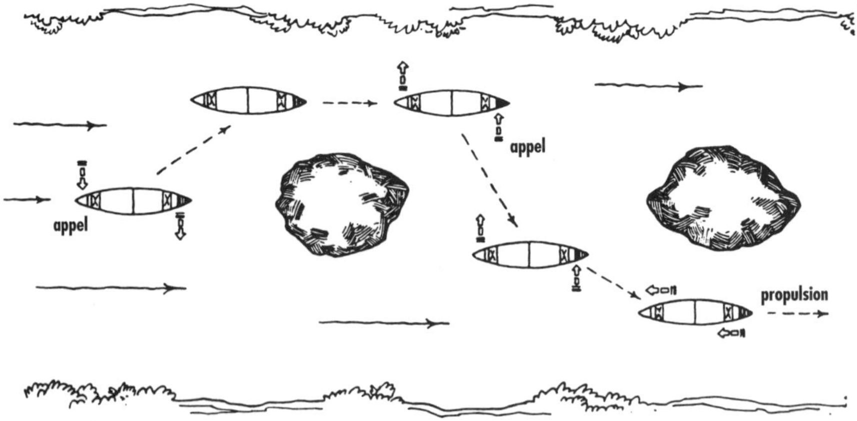

Figure 6-4

Le déplacement latéral : comme les déplacements latéraux sont plutôt lents avec un canoë ordinaire, on n'y recourt que pour franchir de petites distances.

Étant donné que la direction du courant dans un contre-courant est opposée à celle de la rivière, la périphérie du contre-courant est souvent le siège d'importantes variations de courant qui, si on les traverse mal préparé, peuvent entraîner un dessalage. Si vous faites pénétrer la proue de votre canoë dans un contre-courant, le courant principal risque de s'emparer de la poupe et de la précipiter subitement en aval, comme si on vous retirait un tapis de sous le pied. Ce qui se produira ensuite ? Vous nagerez un peu, sans doute !

Il y a deux façons de pénétrer dans un contre-courant : par un bac arrière (la méthode prudente) ou par un virage à contre-courant (la méthode idéale, une fois qu'on l'a maîtrisée).

Sur la figure 6-5, l'équipier installé à l'avant « s'accroche » dans les eaux plus calmes du contre-courant en se penchant et en exécutant un appui en traction, tandis que l'équipier installé à l'arrière – qui n'a pas encore franchi la périphérie du contre-courant – se penche lui aussi du même côté pour contrer la force centrifuge. Dès que le virage est effectué (ce qui ne dure qu'une fraction de seconde), les deux équipiers propulsent le canoë en direction du rocher.

Si les deux équipiers ne se trouvent pas du même côté, les rôles seront inversés – mais pas l'inclinaison du canoë (voir la figure 6-6).

Il sera assez aisé de quitter une zone de contre-courant *(peel-out)* si vous n'oubliez pas que le canoë doit gîter vers l'aval de la rivière. Par ailleurs, remarquez que sur la figure 6-7 les équipiers ont orienté le canoë dans un angle de 45 degrés par rapport au courant (un angle plus fort que celui auquel on recourt pour le bac arrière) avant de commencer à propulser l'embarcation.

Au moment où la proue du canoë franchit la périphérie du contre-courant, l'équipier installé à l'avant exécute un appui en traction et se penche vers l'aval. L'équipier installé à la poupe soutient la gîte du canoë et exécute une propulsion circulaire pour faire tourner le canoë. La figure 6-8 illustre la marche à suivre lorsque les équipiers sont bordés sur des côtés opposés.

Ne pourrait-on quitter un contre-courant par sa section basse (en aval), là où le courant est le plus faible ? La réponse est oui, lorsque le courant de la rivière est faible. Dans de gros rapides par contre, la force du courant du contre-courant sera probablement trop grande pour qu'on puisse y échapper de cette manière-là. De plus, dans un contre-courant il y a souvent, derrière la roche principale, une accumulation de petites roches qui vous empêcheront de sortir franchement par l'aval. Apprenez donc la manœuvre du virage à contre-courant, qui est l'une des techniques essentielles du canoéisme en eaux vives !

Figure 6-5

Un virage à contre-courant avec un appui en traction sur l'intérieur : le canoë doit giter vers l'aval lorsque la proue franchit la ligne de contre-courant.

Figure 6-6

Un virage à contre-courant exécuté avec un appui en poussée sur l'intérieur : l'équipier à la proue exécutera un coup d'écart (idéal) ou un appel débordé pour faire tourner le canoë dans le contre-courant.

Figure 6-7

Le *peel-out* (sortir d'un contre-courant) : orientez le canoë dans un angle de 45 degrés par rapport au courant de la rivière. Lorsque la proue du canoë franchira la périphérie du contre-courant, l'équipier installé à l'avant exécutera un appui en traction et fera gîter le canoë vers l'aval de la rivière.

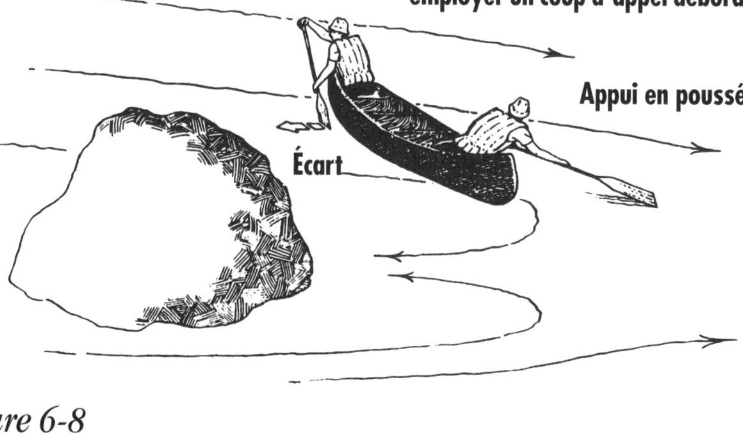

Figure 6-8

Le *peel-out* (sortir d'un contre-courant) : tandis que l'équipier installé à l'arrière du canoë exécute un appui en poussée (du côté de l'aval de la rivière), l'équipier installé à l'avant exécute un écart (illustré) ou un appel débordé pour stabiliser l'embarcation tandis que le courant la fait tourner vers l'aval de la rivière.

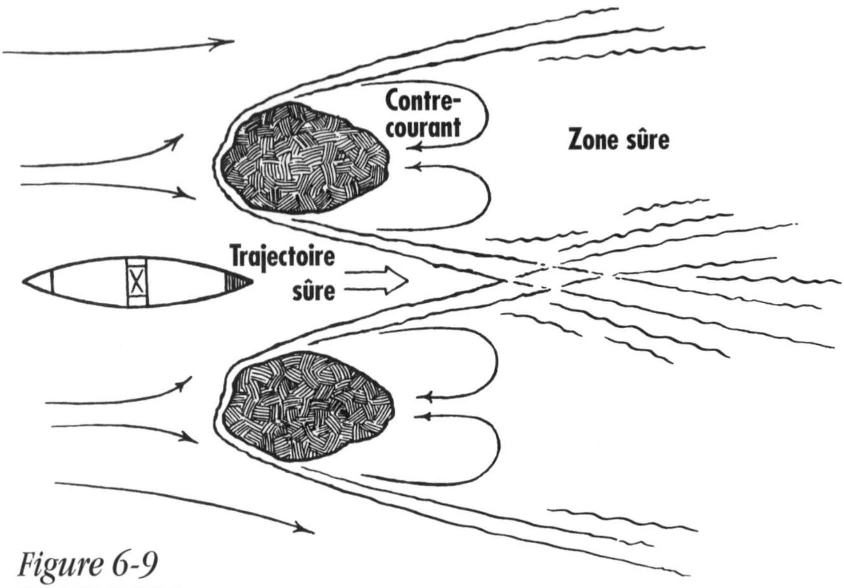

Figure 6-9

Lorsque vous entrez dans un rapide, visez un « V » qui vous permettra de descendre en toute sécurité.

Choisir une trajectoire sûre dans un rapide

Pour négocier sans incident un rapide complexe, il faut de l'habileté, de la détermination, une évaluation précise des dangers et un bon partenaire. Voici quelques principes de descente :

1. Un « V » pointé en amont indique la présence de roches ; un « V » pointé en aval indique la trajectoire sûre (figure 6-9).
2. Si vous ne ralentissez pas sur une rivière où le courant est très fort, vous ne parviendrez pas à éviter tous les obstacles. Vous devrez maîtriser les techniques du bac et du déplacement latéral expliquées au chapitre précédent.
3. Allez reconnaître un rapide sur la terre ferme avant de le descendre en canoë. Et essayez de tout examiner depuis un point de vue situé en aval. Souvent vous apercevrez d'en bas un haut-fond qui aurait été impossible à distinguer d'en haut.

4. Lorsque vous descendez, allez-y doucement. Rétropulsez pour réduire votre vitesse. Gardez la maîtrise de votre canoë au moyen de coups efficaces : des appels, des écarts, des appels débordés, ainsi que les techniques du bac.

5. Profitez des zones de contre-courant pour vous arrêter, refaire vos forces et revoir la stratégie que vous allez mettre en œuvre pour négocier le reste du rapide.

Les vagues pyramidales

Lorsque l'eau très rapide qui tombe d'un seuil atteint les eaux plus calmes d'un bassin situé en dessous, son énergie entraîne la formation de grandes vagues presque verticales appelées *vagues pyramidales*. Une série de vagues pyramidales uniformes sont le signe d'eaux profondes et sûres pour le canoë – à moins bien sûr que leur taille ne soit si imposante qu'elles menacent de submerger votre embarcation. Pour que la proue du canoë passe plus aisément sur les vagues pyramidales, réduisez votre vitesse en rétropulsant ou bien entrez dans les vagues en donnant un angle très léger à l'avant du canoë. Vous aurez intérêt aussi à alléger les deux extrémités du canoë en vous rapprochant l'un de l'autre, votre équipier et vous-même. Si vous rencontrez de très grandes vagues pyramidales, pagayez en périphérie pour éviter d'être submergés.

Les dangers

Le canoéisme sur une mer agitée

7

L***e vent en poupe :*** s'il peut être très grisant de se laisser porter sur les crêtes de grandes vagues, ce type d'aventure n'est pas sans risques. Il faut éviter que la mer ne s'empare du canoë et le fasse « surfer ». Heureusement, les canoës ne « surfent » ni bien ni très longtemps. Les vagues – comme la frousse qu'elles peuvent inspirer en soulevant une embarcation – ne durent pas. Vous devrez toutefois agir très rapidement si un littoral rocheux surgit devant vous. Dans un premier temps, redoublez d'ardeur à pagayer, ce qui suffira dans bien des cas à vous libérer de l'emprise de la vague. Si cette tactique échoue, laissez le canoë prendre de la vitesse et virez sèchement, de manière à entrer dans la vague (pour l'attaquer de côté !). Prenez un appui solide sur vos pagaies tandis que le canoë tourne et penchez-vous dans la direction *opposée* à celle du vent. Ne soyez pas surpris du reste si cette manœuvre vous fait écoper quelques litres d'eau.

Des coéquipiers très habiles parviendront dans certains cas à rétropulser de manière que leur canoë échappe à la crête d'une vague, sans toutefois « la perdre » tout entière. Mais à moins d'être très expérimenté, évitez ce genre de manœuvre : vous chavirerez à coup sûr !

Des connaisseurs vous suggéreront d'alléger la poupe de votre canoë si vous vous orientez le vent en poupe sur une mer houleuse, cela pour éviter qu'une vague ne submerge l'arrière de l'embarcation. En vérité, si vous maintenez votre vitesse de croisière (ne cessez pas de pagayer !), vous vous en tirerez bien sans alléger la poupe. Il sera important cependant que vous mainteniez votre vitesse, à défaut de quoi vous perdrez la maîtrise de l'embarcation !

Advenant une accumulation d'eau en poupe, vous devrez alléger *les deux* extrémités du canoë en vous rapprochant l'un de l'autre, votre partenaire et vous, au centre de l'embarcation. Il ne sera pas suffisant d'alléger la poupe seulement, étant donné qu'un canoë se déplace mal et devient difficile à gouverner lorsque sa proue (ou sa poupe) s'enfonce.

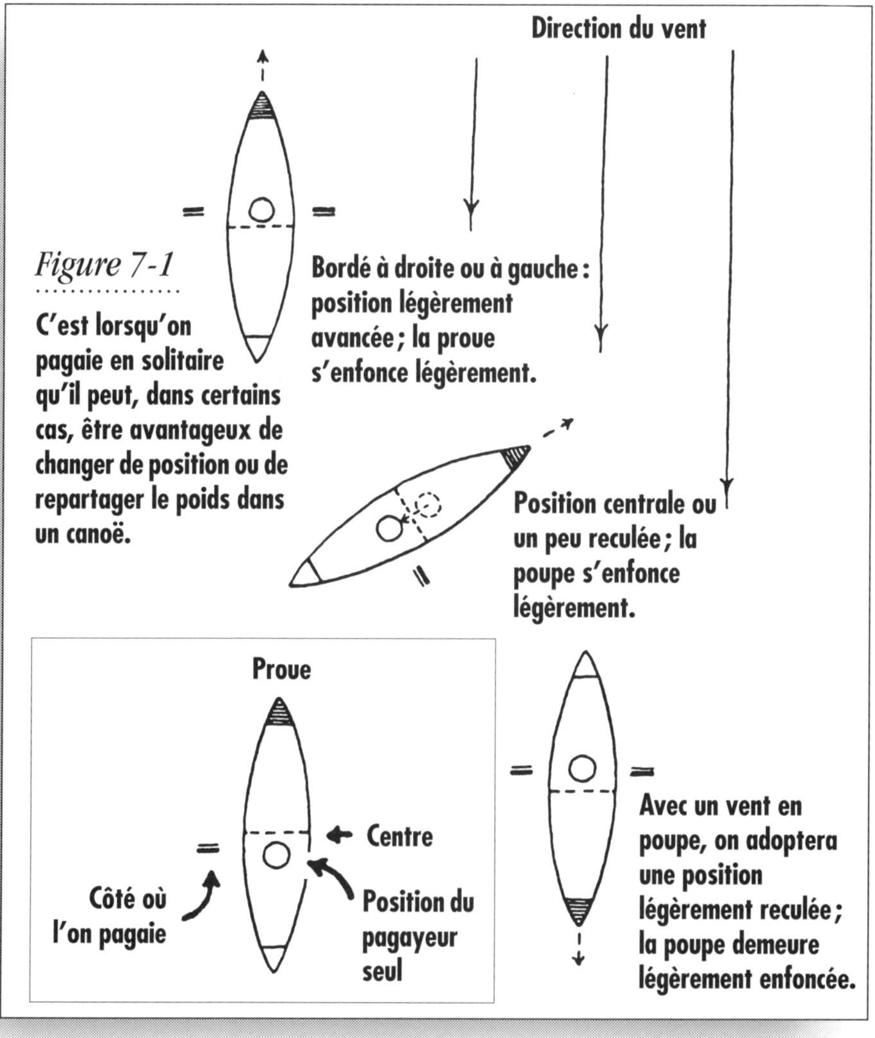

Figure 7-1

C'est lorsqu'on pagaie en solitaire qu'il peut, dans certains cas, être avantageux de changer de position ou de repartager le poids dans un canoë.

Pagayer face au vent : il est plus sûr de pagayer face au vent que de faire le contraire. Pour éviter que la proue ne soit submergée par de grosses vagues, allégez *à la fois l'avant et l'arrière* du canoë. Orientez l'embarcation directement *dans les vagues*, sans les affronter obliquement comme on le conseille dans plusieurs textes sur le canoë. En fait, il faut une équipe expérimentée et un canoë à quille droite pour maintenir un angle oblique sur une mer agitée. Si votre embarcation tombe en travers par gros temps, vous encourrez un dessalage ! Utilisez une toile de pontage (à l'épreuve des éclaboussures) si vous prévoyez avoir à pagayer dans de grosses vagues.

Répartition de la charge : dans un canoë, on devrait répartir le poids de manière que l'embarcation reste de niveau, un point c'est tout ! Seuls les contextes de courses font exception à cette règle, lorsqu'il faut légèrement alourdir la proue pour éviter qu'elle ne « grimpe ». Un canoë aura parfois tendance à se comporter comme une girouette sous l'effet du vent. Aussi certains experts conseillent-ils d'alourdir un peu l'extrémité sous le vent pour qu'il soit plus facile de pagayer. Agir de la sorte pourra toutefois favoriser l'accumulation d'eau dans le canoë – et vous faire prendre une douche ! Du reste, comme je l'ai déjà dit, un canoë devient très difficile à gouverner lorsqu'une de ses extrémités s'enfonce.

Je vous conseillerai plutôt d'équilibrer vos effets de manière que le canoë reste bien de niveau et, pour gouverner efficacement votre embarcation par temps venteux, de pagayer en employant les techniques appropriées.

Pagayer en solitaire (ou en solo) : c'est lorsque vous serez seul que vous aurez intérêt parfois à changer de position dans un canoë ou à rééquilibrer son chargement. Souvenez-vous cependant que votre embarcation avancera, reculera et virera en conséquence. La figure 7-1 illustre ces tendances. Sachez toutefois qu'il deviendra plus difficile de gouverner votre embarcation au fur et à mesure que vous vous éloignerez du centre. La marche à suivre idéale consiste à garder une position centrale et à compter sur une bonne technique pour pagayer.

Si vous êtes seul, ne vous installez jamais sur le siège de poupe : cela reviendrait à manœuvrer une embarcation longue de 2 m dont l'avant surplomberait de 3 m en hauteur. Le moindre coup de vent vous ferait chavirer.

Un pagayeur solo ne devrait jamais se trouver à plus de 60 cm du centre géométrique d'un canoë. Par temps calme, on peut s'asseoir sur le siège avant, mais en faisant face à l'arrière.

Les arbres couchés en travers d'une rivière

Ces arbres qui bloquent entièrement ou en partie le flot d'une rivière sont très dangereux dans la mesure où leurs branches submergées peuvent piéger et immobiliser un canoë ou une personne tombée à l'eau. Souvenez-vous qu'un courant faible est assez fort pour épingler le meilleur des nageurs à ces branches.

Méfiez-vous particulièrement des arbres qui entravent l'extérieur d'une courbe, sur un cours d'eau, puisque c'est dans cette direction-là que le courant aura tendance à vous pousser. Si jamais il vous arrive de chavirer près d'un tel amoncellement de branchages et d'y rester pris, il se peut bien que vous n'arriviez pas à vous en sortir seul – et qu'il soit impossible aussi de vous secourir !

La meilleure façon d'échapper à un tel péril, c'est de l'éviter. C'est pourquoi il devient si important de maîtriser la technique du bac arrière. Si toutefois, malgré tous vos efforts, votre canoë est emporté vers les branches d'un arbre tombé, restez calme, faites gîter l'embarcation vers l'aval de la rivière et ne tentez pas de vous accrocher à un objet quelconque avant que le canoë soit complètement immobile. À ce moment-là, il sera tout à fait vain de vous inquiéter du sort de votre canoë. Ménagez vos forces et essayer de vous extirper vous-même de cette position en grimpant (si c'est possible) sur le tronc d'arbre.

Si vous tombez à l'eau et que vous êtes entraîné dans les branches, essayez d'y entrer la tête la première de manière à vous frayer un chemin ensuite avec les mains. En de telles circonstances, tout vêtement trop large (incluant votre gilet de sauvetage) sera susceptible de s'accrocher aux branches et de vous empêcher de refaire surface. Donc, si vous en avez la chance, débarrassez-vous de tout ce qui pourrait vous gêner.

Les arbres tombés en travers des rivières sont responsables de la plupart des noyades qui surviennent au printemps. Pourtant, si vous maîtrisez la technique du bac arrière dans les courbes, ce genre d'obstacle ne devrait pas vous causer de problème.

L'hypothermie

Le mot *hypothermie* est un terme médical signifiant « abaissement de la température corporelle ». Dans un contexte de canoéisme, l'hypothermie est la conséquence souvent d'un dessalage en eau froide ou d'avoir été exposé longtemps et sans vêtements appropriés à une pluie froide. Les premiers symptômes sont plutôt bénins : on remarque d'abord des frissons prononcés (mais ce symptôme n'est pas un indicateur fiable, puisque le réflexe de frissonner est absent chez certaines personnes). Ensuite l'élocution du sujet deviendra embrouillée. Celui-ci présentera aussi des symptômes d'amnésie au fur et à mesure que sa température chutera.

À 32 °C environ, les frissons cessent ; les muscles se raidissent et la peau devient bleue et boursouflée. Puis, le sujet perd connaissance et son rythme cardiaque devient irrégulier. Lorsque la température tombe sous les 29 °C, la mort survient.

Le tableau suivant exprime la relation entre la température de l'eau et le temps qu'un corps humain pourra résister en eau froide (les valeurs sont approximatives) :

Température de l'eau	***Résistance du corps (en minutes)***
Moins de 5 °C	Moins de 10 minutes
Entre 5 et 10 °C	15-20 minutes
Entre 10 et 15 °C	15-40 minutes
Plus de 15 °C	Une heure ou plus

Cependant, ces chiffres n'expriment pas toutes les incidences possibles de l'hypothermie, puisque, à la suite d'un dessalage par exemple, le choc d'une eau très froide peut provoquer une crise cardiaque. C'est pourquoi d'ailleurs vous aurez intérêt à porter une combinaison thermique *(wet suit)* ou imperméable si vous prévoyez pagayer sur des eaux glaciales.

Comment traiter l'hypothermie : Isolez la victime du froid et de l'humidité, et mettez-lui des vêtements secs. Puis, soumettez-la *progressivement* à la chaleur. On recommande que deux personnes dont la température corporelle est normale « enveloppent » la victime. Enveloppez ensuite les trois individus dans un sac de couchage si vous en avez un ; sinon, enveloppez-les de tous les vêtements secs disponibles. Vous pourrez ensuite faire boire des boissons chaudes (pas de stimulants comme le café ou l'alcool), mais seulement si la victime est en mesure de s'asseoir et d'avaler.

La chaleur radiante qu'émet un feu de camp constitue sans doute le moyen le plus rapide de réchauffer une victime d'hypothermie. Assurez-vous cependant de soumettre la victime *progressivement et de façon égale* à ce type de chaleur. Dans la mesure où les personnes atteintes d'hypothermie perdent beaucoup de sensation aux extrémités, l'application d'une chaleur excessive en un point donné du corps pourrait causer des brûlures. Soignez la victime doucement ; la brusquer pourrait provoquer de la fibrillation cardiaque et la mort.

L'hypothermie est une épreuve épuisante, tant physiquement que sur le plan émotionnel. Prévoyez une journée entière de repos pour la victime, avant de lui faire reprendre la route.

Les seuils et barrages

Il est possible de franchir un seuil peu élevé en canoë, à condition que le courant soit assez fort et que la pente ne soit pas trop raide. À la base d'une pente raide, on observe souvent le phénomène du *rouleau à rappel*, qui est très dangereux. Si vous décidez, après avoir inspecté le seuil, qu'il peut être franchi sans danger, descendez sur la veine de la rivière (là où le courant est le plus fort) et laissez-vous porter par-dessus la saillie. Lorsque vous serez tombé à la base du seuil, plantez vos pagaies profondément dans l'eau et pagayez vigoureusement pour vous sortir de la zone creuse.

Quant aux barrages, ils sont tous dangereux à franchir, à moins qu'ils ne comportent une brèche. Ce sont les puissants rouleaux à rappel – des espèces de tourbillons verticaux – qui se forment à la base des barrages qui les rendent dangereux. Ces rouleaux sont des pièges qui peuvent attraper un canoë et le faire tourner indéfiniment dans le sens du tourbillon (voir la figure 7-2). Pour échapper à un rouleau, il faut plonger profondément

Figure 7-2

Il est très dangereux d'essayer de franchir un barrage en canoë ! Le rouleau qui se forme à la base du barrage piège l'embarcation et la fait circuler indéfiniment dans le tourbillon.

sous l'eau et tenter de rejoindre le courant normal de la rivière, qui « évacuera » le prisonnier. Pour faire cela, il faut garder la tête froide et avoir une bonne compréhension de tout ce qui se passe autour de soi.

Je connais des personnes qui ont survécu au franchissement d'un barrage en canoë. Tous sont d'accord pour dire que ce fut là l'expérience la plus terrifiante qu'ils aient vécue. Leur conseil ? « N'essayez jamais de franchir un barrage en canoë ! »

Se sortir du pétrin

Tout le monde voudrait se montrer héroïque en secourant quelqu'un d'autre. Mais en fait, dans la plupart des accidents de canoë, on se porte secours à soi-même ! Voici quelques conseils qui pourraient vous aider.

Chavirer dans un rapide : si le niveau d'eau monte au-delà de vos genoux, n'essayez pas de vous tenir debout. Vous risqueriez ainsi de vous coincer un pied entre les roches et, au même moment, de vous faire pousser en aval par le courant. Le fait de rester piégé est une des principales causes de noyades dans les rapides.

Dès que vous chavirez, dirigez-vous vers l'extrémité du canoë qui se trouve en amont. Agrippez-vous solidement à la poupe et gardez vos pieds *le plus haut possible*, loin du fond de la rivière. Nagez en essayant de diriger le canoë vers la berge. Pour ce faire, inspirez-vous de la technique du bac arrière. Restez accroché au canoë, à moins que cela ne mette votre vie en danger.

Si le courant vous éloigne du canoë et que vous êtes obligé de nager, adoptez immédiatement une position sur le dos, en gardant les pieds bien haut pour éviter de rebondir dans le courant. Votre gilet de sauvetage vous permettra de flotter. Servez-vous de vos pieds et orientez-vous de manière à éviter les roches qui pourraient vous blesser. Quand vous serez assez près de la berge, rejoignez-la en dos crawlé (encore une fois le bac arrière, mais à la nage).

Le canoë s'échoue sur un rocher partiellement submergé : tandis que l'avant du canoë heurtera l'obstacle, l'arrière sera rapidement projeté en aval par le courant. Agissez rapidement ! Faites d'abord gîter l'embarcation vers l'aval de la rivière et appuyez sur les pagaies jusqu'à ce que le canoë soit parfaitement immobile. S'il tourne dans un angle de 180 degrés, le canoë quittera fort probablement sa fâcheuse position si le pagayeur assis à la proue se penche vers l'aval.

Si l'embarcation heurte un rocher sur le flanc, procédez comme suit : penchez-vous vers l'aval ! Un des équipiers prendra appui sur sa pagaie du côté en aval, tandis que l'autre travaillera à libérer le canoë. Si le rocher est assez gros, ce dernier équipier devrait monter dessus pour mieux manœuvrer.

Si c'est le centre de l'embarcation qui reste accroché sur un rocher submergé, essayez encore une fois de faire gîter le canoë vers l'aval. Cependant, vous déplacerez votre propre poids pour libérer le canoë. Si la rivière est peu profonde (moins de 60 cm) sortez du canoë *en amont* et débloquez-le en poussant. Mais ne tentez pas cela si la rivière est profonde : le courant pourrait vous tirer sous le bateau !

Donc, en bref :

1. Faites toujours gîter le canoë vers l'aval et prenez appui sur les pagaies si vous heurtez un obstacle.
2. Ne sortez du canoë par son extrémité en amont que si l'eau est peu profonde.
3. Ne sortez du canoë par son extrémité en amont que s'il vous est possible de grimper sur le rocher.

Le sauvetage à deux canoës

Cette manœuvre est possible si le dessalage a lieu en eau relativement calme. La figure 7-3 illustre la marche à suivre. Si vous tentez la manœuvre dans un courant, le canoë de sauvetage devra se trouver en amont et perpendiculaire au canoë chaviré. Comme dernière précaution, assurez-vous que les canoéistes tombés à l'eau se trouvent en amont du canoë de sauvetage, au cas où les deux embarcations heurteraient un rocher. Voici, pas à pas, ce qu'il faut faire :

1. Les canoéistes tombés à l'eau nagent jusqu'au canoë de sauvetage et y rangent leurs pagaies. Puis, les quatre canoéistes orientent ensemble le canoë chaviré pour qu'il soit perpendiculaire au canoë de sauvetage. Les deux sauveteurs tournent le canoë chaviré sur le flanc, puis ils le soulèvent par la proue et l'appuient contre le plat-bord rapproché de leur propre embarcation. Si cela est nécessaire, les canoéistes tombés à l'eau appuient sur la poupe de leur canoë pour aider à relever la proue.
2. Les sauveteurs tirent le canoë chaviré jusqu'au plat-bord éloigné, le vidant ainsi de son eau. Pendant ce temps, les canoéistes tombés à l'eau s'accrochent solidement au canoë de sauvetage.
3. L'équipe de sauvetage retourne le canoë à l'endroit et le fait glisser dans l'eau. Puis, elle stabilise l'embarcation pendant que les deux autres pagayeurs embarquent.

Tout ce processus ne devrait pas durer plus de trois minutes.

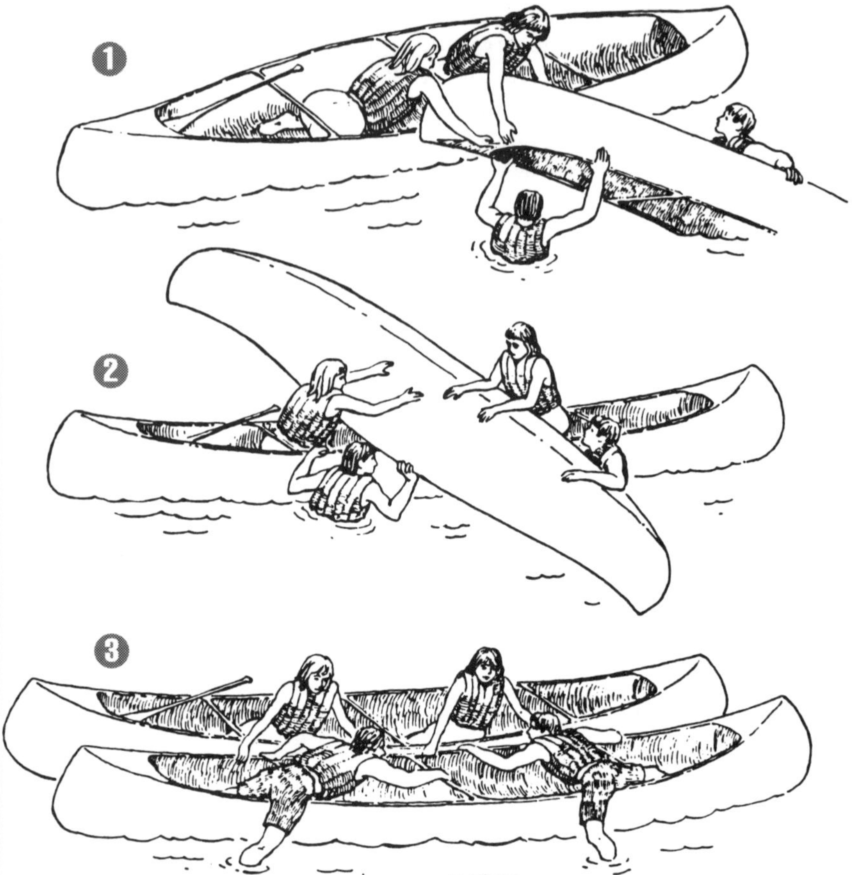

Figure 7-3

Sauvetage à deux canoës

La foudre

Chacun de nous l'a déjà entendu - et c'est vrai - il faut sortir de l'eau pendant un orage. Malheureusement, cela n'est pas toujours possible : parfois les berges ne se prêtent pas à un accostage, et il arrive aussi que le ressac soit trop fort.

Et pourtant, un canoë esseulé sur une grande étendue d'eau court un sérieux risque d'être foudroyé. Si vous ne pouvez pas atteindre la berge, prenez les précautions suivantes : autour des grands arbres, une zone de protection s'étend, en forme de cône, depuis leur cime jusqu'à terre dans un angle de 45 degrés. Demeurez à l'intérieur de ces cônes de protection, mais sans trop vous approcher pour éviter que la foudre ne « saute » de la berge jusqu'à vous. Sachant que la foudre peut facilement franchir 8 m, restez à quelques longueurs de canoë de la berge tandis que vous faites votre chemin le long du lac ou de la rivière.

Par ailleurs, comme les racines des arbres peuvent être conductrices, méfiez-vous des grands arbres qui se trouvent au bord de l'eau. Les racines s'étendent davantage en longueur qu'en hauteur, ce qui a pour effet d'élargir les zones dangereuses.

On dit parfois que les canoës en bois ou en fibre de verre sont plus sûrs que les canoës en aluminium durant un orage. C'est faux ! En fait, c'est le contraire qui peut être vrai. Il arrive que les navires soient frappés par la foudre sans conséquence grave. C'est parce que la décharge électrique passe de l'antenne du vaisseau ou des paratonnerres jusqu'autour de la coque et puis dans l'eau. Le revêtement métallique des canoës en aluminium peut fournir la même protection, pourvu que votre masse se trouve sous les plats-bords (donc couchez-vous au fond de l'embarcation !). Par ailleurs, il arrive que les canoës en bois ou en fibre de verre « grillent », tout simplement.

Mais vous comprendrez que ce sont là de pures conjectures. Ce qu'il y a de mieux à faire, c'est de se rendre sur la berge... et vite !

Des erreurs que vous aurez intérêt à ne pas commettre !

Négliger d'aller reconnaître un rapide qu'on a déjà descendu

Au détour d'une courbe, vous apercevez les eaux plus agitées d'un rapide connu. Votre conscience vous dit que vous devriez accoster pour aller reconnaître le terrain avant de continuer, mais vous rejetez cavalièrement cette inquiétude et vous décidez de plonger.

C'est à ce moment-là seulement que vous le voyez : un jeune arbre jeté en travers de la rivière par une tempête bloque le passage. Votre canoë tournoie sur le côté et chavire. Quelques secondes plus tard, vous apercevez votre embarcation, coincée entre les rochers, au beau milieu du rapide. Depuis la berge que vous avez atteinte en sécurité, votre partenaire et vous, vous regardez impuissants le spectacle de votre canoë, que le rapide est en train de mettre en pièces.

Un scénario fantaisiste, direz-vous ? Eh bien pas du tout ! Cela m'est arrivé sur une rivière canadienne que j'avais déjà descendue *cinq* fois. Je croyais bien connaître chacune des roches et chacun des tourbillons qui jalonnent le parcours. Mais il n'avait pas plu depuis des semaines et la rivière, dégagée en temps normal, n'était plus qu'un long lit sec et rocheux.

Ne pas aller reconnaître un rapide que vous avez maintes fois descendu est une erreur que vous aurez intérêt à ne pas commettre !

Porter un gilet de sauvetage à fermeture éclair ouverte

Vous crevez de chaleur et vous vous sentez enfermé dans votre gilet de sauvetage. Vous décidez donc d'ouvrir la fermeture éclair pour vous rafraîchir un peu... Ah ! enfin un peu d'air !

Quelques secondes plus tard pourtant, vous chavirez et êtes emporté vers l'entrelacs des branches d'un arbre tombé en travers de la rivière. Les pans de votre gilet mal attaché frétillent dans l'eau et, bientôt, l'une des emmanchures s'accroche à une branche. Vous êtes immobilisé d'un coup sec et vous vous trouvez momentanément prisonnier sous les flots. Dieu merci, vous parvenez à vous dégager.

La prochaine fois que vous sortirez en canoë, assurez-vous de porter votre gilet de sauvetage bien attaché.

Porter des chaussures de sport montantes tandis que vous descendez un rapide déchaîné

Vous venez de chavirer dans les eaux peu profondes d'un rapide violent et vous avez été projeté hors du canoë. Au lieu de vous tourner sur le dos et de remonter vos pieds (la position à adopter lorsqu'on nage dans un rapide), vous tentez instinctivement de poser vos pieds au fond de l'eau pour marcher. Mais quelques secondes plus tard, un de vos pieds se coince entre des roches tandis que le courant continue de pousser le haut de votre corps en aval. Par chance, vos chaussures de sport ne montent pas au-delà de vos chevilles et vous arrivez à vous en débarrasser !

Pagayer les pieds nus

Les roches aiguisées, les bouts de bois, les éclats de verre et les boîtes en fer-blanc peuvent causer de vilaines blessures à des pieds nus. Les chaussures, en vertu de la protection qu'elles fournissent, sont un *must* lorsqu'il faut descendre d'un canoë dans un rapide.

Omettre d'attacher une courroie de sécurité à ses lunettes

Au moment d'un dessalage, vous perdrez vos lunettes si elles ne sont pas munies d'une courroie de sécurité.

Porter un objet quelconque autour de son cou pendant la descente d'un rapide

Il y a quelques années, le canoë d'un de mes amis chavira en heurtant le pilier d'un pont dans un rapide violent. Il portait un gobelet fixé à une cordelette autour du cou. Or, cette cordelette s'embobina autour d'un des jougs du canoë et mon ami demeura au moins 30 secondes prisonnier sous le bateau, jusqu'à ce que la cordelette se rompe et qu'il puisse se dégager. Pendant des mois ensuite, il a porté au cou les stigmates de ce dessalage.

Rester assis dans le canoë, pendant la descente d'un rapide, alors qu'on devrait être à genoux

La position à genoux (en maintenant les genoux écartés et bien campés au fond du canoë) vous permettra de prendre un bon appui à droite ou à gauche sur la coque du canoë et d'exécuter efficacement un coup d'appui loin des plats-bords. Ne vous laissez pas duper par la position assise des canoéistes de compétition : les sièges des canoës de course sont trop bas pour qu'il soit possible de s'y agenouiller et la poupe est trop étroite pour qu'on puisse écarter les genoux.

Parmi d'autres erreurs à éviter, notons celle qui consiste à fixer un canoë sur le toit d'une voiture avec de la corde élastique plutôt qu'avec une corde ordinaire. Il vous arrivera peut-être aussi de déposer par terre votre pagaie à manche courbé (celle qui vous aura coûté une fortune !) pour la voir se casser dès qu'on posera le pied dessus. Enfin, la liste serait encore longue... Chaque sortie en canoë nous révèle de nouvelles façons de mal faire les choses.

Appendice 1

Petit glossaire des termes propres au canoë

Assiette : différence entre les tirants d'eau à la proue et à la poupe d'un canoë. Un canoë ayant une bonne assiette se tiendra parfaitement droit dans l'eau.

Barrot : barre transversale fixée entre les plats-bords d'un canoë.

Bord sous le vent : direction contraire à celle du vent.

Bouchain : partie incurvée des côtés d'un canoë, au-dessus de la ligne de flottaison.

Cale-pieds : fixation de bois ou de métal sur laquelle le pagayeur appuie ses pieds. Le cale-pieds procure de la stabilité au pagayeur, ce qui lui permettra de pagayer plus efficacement.

Chandelle : épais morceau de kevlar collé à l'avant et à l'arrière sur la partie inférieure de la coque d'un canoë, pour protéger son revêtement.

Cravate : position d'un canoë qui se trouve en travers d'un rocher (cravater : heurter un rocher de travers).

Eau calme : étendue d'eau où il n'y a pas de rapide (par exemple un lac ou une rivière à faible débit).

Eaux vives : eaux mousseuses et agitées caractéristiques d'un rapide.

Écope : contenant dont on se sert pour évacuer l'eau accumulée au fond d'un canoë.

Franc-bord : distance entre la ligne de flottaison et le dessus des plats-bords à leur point le plus bas.

Giron : courbure longitudinale de la quille d'un canoë.

Halage : action de tirer le canoë en amont (à contre-courant) à l'aide de cordes (ou *longes de remorquage*) attachées à la proue et à la poupe du canoë.

Joug de portage : barrot spécial muni de coussinets pour les épaules, prévu pour le portage.

Lattis : lattes légères clouées aux membrures des canoës à charpente de bois. Leur fonction principale est de soutenir la charpente.

Ligne de flottaison : niveau jusqu'où monte l'eau sur la coque d'un canoë, lorsqu'on le met à l'eau.

Longe de remorquage : corde employée pour amarrer un canoë ou pour le tirer dans l'eau (pour contourner des obstacles).

Maître-bau : point du canoë où sa largeur est la plus importante.

Membrures : supports latéraux fixés obliquement sur l'intérieur du canoë et reliés à la quille. Les membrures assurent la rigidité de la coque et la force de sa structure.

Plats-bords : ceintures métalliques ou en bois qui entourent la partie supérieure de la coque.

Pontets : panneaux fixés à la proue et à la poupe du canoë, sur les plats-bords.

Portage : action de porter le canoë sur la terre ferme.

Poupe : arrière du canoë.

Profondeur : distance entre le dessus des plats-bords et le fond du canoë, mesurée au maître-bau (parfois appelée « profondeur centrale » par opposition à la profondeur mesurée aux extrémités du canoë).

Proue : avant du canoë.

Quille : bande de bois ou d'aluminium qui s'étend longitudinalement sur le fond du canoë, au centre.

Réserves (ou sacs de pointe) : sacs gonflables fixés aux extrémités (ou aux côtés) d'un canoë pour lui permettre de flotter s'il chavire.

Tirant d'eau : volume d'eau tiré par un canoë.

Toile de pontage : capote en toile ajustée dont la fonction est d'empêcher l'eau de s'infiltrer dans un canoë. Cet accessoire est particulièrement utile dans les rapides à fort débit et dans de grandes vagues.

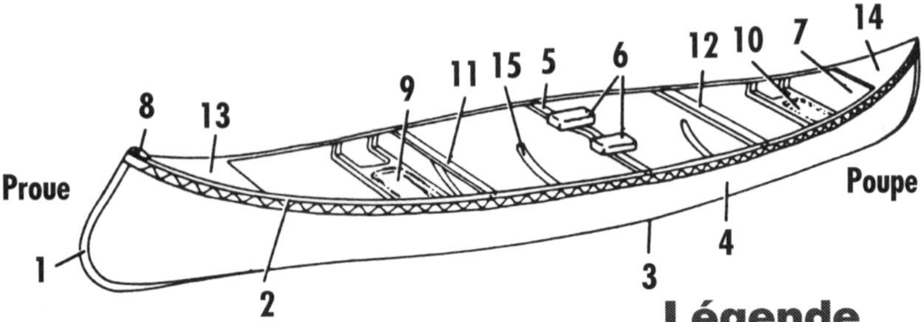

Canoë en aluminium

Légende

1. Chandelle
2. Plat-bord
3. Quille
4. Revêtement
5. Joug de portage
6. Coussinets de joug
7. Réserve (ou sac de pointe)
8. Anneau de bosse
9. Siège avant
10. Siège arrière
11. Barrot avant
12. Barrot arrière
13. Pontet avant
14. Pontet arrière
15. Membrure
16. Barrot central
17. Lattis
18. Capot

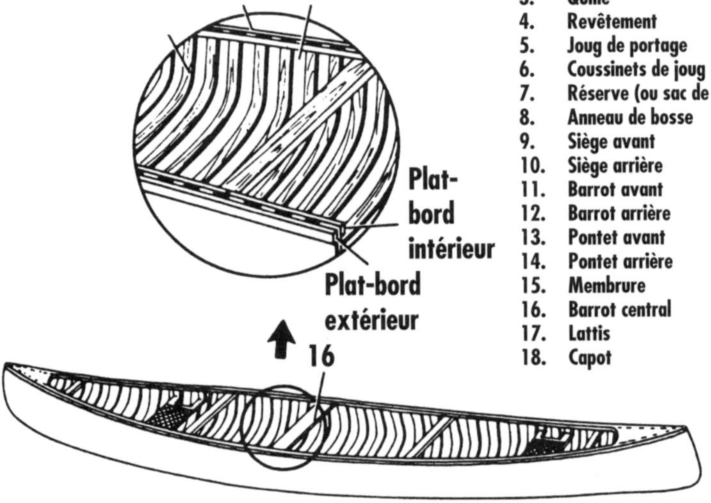

Canoë en bois entoilé

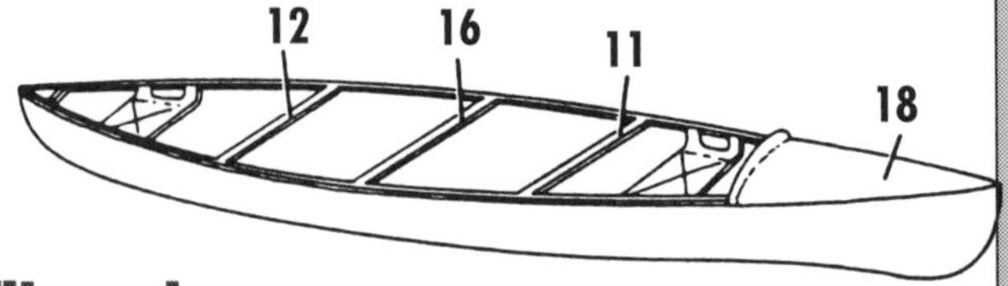

Canoë en fibre de verre

Appendice 2

Classification internationale des types de rapides

Note sur la classification des rapides : cette échelle de classification internationale permet aux canoéistes d'eaux vives de se faire une idée du degré de difficulté que présente un rapide. Ce classement, qui est reproduit dans plusieurs manuels, devrait être considéré sérieusement. Il est important de se rendre compte, toutefois, que le degré de difficulté d'un rapide donné changera selon que le niveau d'eau d'une rivière montera ou baissera. Ainsi, un rapide classé 1 au beau milieu de l'été pourra bien devenir un dangereux 4 pendant la crue du printemps. Prévoyez vos expéditions en conséquence !

Catégorie et caractéristiques :

1. *FACILE :* des virages faciles, rapides, à faible débit, avec de petites vagues. Il faut surtout faire attention aux obstacles, comme les arbres tombés en travers de la rivière et les pylônes des ponts. La vitesse du courant - très modérée - n'oblige pas les pagayeurs à rétropulser énergiquement.
2. *MOYENNE :* les rapides sont fréquents mais peu obstrués. On rencontre de petits seuils et des vagues de taille normale. La vitesse du courant force parfois les pagayeurs à rétropulser très énergiquement.
3. *DIFFICILE :* on rencontrera de petites cascades et de grandes vagues submergeront régulièrement certaines parties de l'embarcation. Manœuvres d'expert requises. Certains obstacles rendent la reconnaissance du cours d'eau difficile. La vitesse du courant oblige les pagayeurs à propulser, mais pas à très grande vitesse. Il pourra s'avérer utile de munir l'embarcation d'une toile de pontage.
4. *TRÈS DIFFICILE :* des vagues très hautes et très fortes, avec des tourbillons difficiles. Les courbes sont serrées et il devient ardu de manœuvrer dans les contre-courants. Il est nécessaire de maîtriser

des coups de pagaie précis et puissants. La toile de pontage est obligatoire.

5. *EXTRÊMEMENT DIFFICILE :* courant violent, chutes abruptes et tourbillons très rapides.
6. *LIMITE DE LA NAVIGABILITÉ :* cours d'eau navigable dans certaines conditions seulement, par des équipes d'experts et avec des canoës fermés. Cours d'eau qui ne peuvent être empruntés sans risque de perte de vie.

Index

À propos de l'auteur

Cliff Jacobson est l'un des guides et auteurs les plus respectés en Amérique du Nord en ce qui a trait aux activités de plein air. En plus d'offrir ses propres canoës au grand public, Cliff est guide au Science Museum du Minnesota et consultant en matière de plein air et de canoéisme pour la société Eckerd Family Youth Alternatives, Inc. Quand il n'est pas en train de pagayer, Cliff enseigne aussi les sciences environnementales et les expériences de plein air dans une école. Ce sont des programmes qu'il a développés lui-même et qui sont destinés aux enfants en difficulté. Cliff est aussi le défenseur d'une éthique du camping qui consiste à ne laisser dans la nature aucune trace de son passage.

Cliff Jacobson est l'auteur de 16 livres consacrés aux activités de plein air ainsi que de plusieurs brochures éducatives, dont *Canoeing Wild Rivers*, considéré comme une référence en la matière. Trois des livres de Cliff ont figuré sur la liste des 10 titres consacrés au plein air les plus vendus en 1996. Cliff a aussi écrit des textes pour le ministère des Ressources naturelles du Minnesota et il a mis au point des exercices d'orientation en nature pour les écoles du Minnesota. Le programme qu'il a développé pour sensibiliser la population à l'importance de la qualité de l'eau, intitulé Water Water Everywhere, est très répandu dans les écoles, et son programme Wilderness Meal est devenu une activité éducative extrêmement populaire.